COLL

Ariane Charton

Petit éloge de l'héroïsme

à travers des écrivains
de la Grande Guerre

Gallimard

© Éditions Gallimard, 2014.

Ariane Charton s'est spécialisée dans la littérature du XIXe siècle. Elle a publié *Le roman d'Hortense* (Albin Michel, prix de la ville de Mennecy), consacré à Hortense Allart, la dernière maîtresse de Chateaubriand. Elle a aussi établi l'édition des *Lettres pour lire au lit*, la correspondance amoureuse entre Marie Dorval et Alfred de Vigny (Mercure de France). Elle est également l'auteur d'une anthologie, *Cher papa, les écrivains parlent du père* (J.-C. Lattès). À l'occasion du centenaire de la mort d'Alain-Fournier, elle a établi l'édition de ses lettres à Jeanne Bruneau (Mercure de France). Dans la collection Folio Biographies, elle est l'auteur de *Musset* et de *Debussy*.

Découvrez, lisez ou relisez les livres d'Ariane Charton :

MUSSET (Folio Biographies n° 61)

DEBUSSY (Folio Biographies n° 88)

ALAIN-FOURNIER (Folio Biographies n° 107)

PREMIÈRE PARTIE

A Laury
Un poilu de dix-huit ans

Durant mon enfance, au cours des vacances d'été, je suis passée avec mes parents dans de nombreux villages de France. Nous nous y arrêtions pour y voir une église, un monument ou tout autre vestige d'hier signalé par le *Guide vert*, bible touristique dont mon père ne se séparait jamais. Près de l'église ou sur la place principale se trouvait un monument aux morts de la guerre de 14-18.

Je m'arrêtais souvent pour lire la liste de ces « enfants morts pour la France » ou « morts pour la patrie ». J'étais particulièrement émue quand plusieurs prénoms d'une même famille se suivaient. Maris, pères, frères, cousins avaient péri au cours de ces quatre années à des mois ou des années d'intervalle, pour ne laisser que des veuves et des orphelins. Cette liste, avec parfois les dates et les lieux où ils étaient tombés, m'apparaissait comme une litanie bouleversante et en même temps presque irréelle, difficile à se représenter. De semblables listes se retrouvaient également dans ces églises de village. Mais qui priait encore pour eux ? Qui les remarquait en allant à la messe ?

Je me souviens confusément de mon émotion enfantine devant ces prénoms au charme désuet me renvoyant au temps de mes aïeux. J'étais touchée parce que j'imaginais des visages, des vies qui n'existaient plus et qui pourtant semblaient parler à la petite fille que j'étais. J'imaginais l'existence de Jules Montagnon, de Marcel et Ernest Risselin, de Jean Seguin, d'Eugène Limau ou encore d'Abel Bajon, de Norbert Duffort et de Firmin Lejeune, noms réels parmi d'autres gravés sur ces monuments. Certains portaient des noms à particule, mais nobles ou paysans, intellectuels ou manuels, ils avaient péri ensemble, fraternellement.

Il arrivait parfois, rarement, que les noms soient accompagnés d'une photo, prise sans doute à l'armée. Les physionomies me paraissaient anciennes alors qu'on peut croiser de semblables visages aujourd'hui en prêtant un peu d'attention. Les poses étaient sérieuses. J'avais l'impression que ces soldats avaient fixé leur destinée devant l'objectif puis fixaient les vivants passant devant eux sans les regarder. Ils symbolisent tous ces poilus qui, eux, n'ont même plus de visage. Ils rappellent que derrière ces faces sales et portant un casque, uniformisant les soldats comme s'il ne s'agissait que de pions, se cachaient des âmes toutes uniques.

Cette émotion était sans doute liée également à mon histoire familiale puisque Louis, mon grand-père paternel, était parti au front ainsi que Fernand, l'un de ses frères, un peu plus tard. Né en 1896, Louis avait passé le certificat d'études avec d'excellentes notes mais ses parents manquaient de moyens pour lui permettre de poursuivre ses études. Il travaillait dans l'exploitation agricole de sa famille quand il a été appelé dès 1914. Il a quitté son village du Cher et a appris le métier de soldat. Il a été certainement blessé légèrement plusieurs fois, puisqu'il avait des traces d'éclats d'obus sur le corps. Il fut plus grièvement touché en 1917, lors de la bataille du Chemin des Dames. On lui « garda son bras droit » afin qu'il pût reprendre son travail d'agriculteur mais il resta handicapé à vie. Peu après la guerre, il quitta la campagne pour tenir un café à Bourges puis bénéficia d'un emploi réservé comme fonctionnaire aux Anciens Combattants. Il n'a jamais voulu parler à sa famille de la guerre, de ces près de trois années d'enfer vécues à un âge où l'insouciance et l'optimisme sont permis.

Plusieurs décennies après, il refit une fois le voyage jusqu'à Verdun mais la nature avait repris ses droits même si les tranchées se laissaient encore deviner. Ce n'était plus le Verdun où il avait survécu. Il pouvait en être à la fois soulagé et amer : les générations suivantes n'étaient pas en mesure de se représenter cet enfer. Tous ces sacrifices n'avaient-ils pas été inutiles ? C'est à peine s'il pu parler devant ce champ de bataille d'hier. J'aurais aimé être là et assez grande pour recueillir des bribes de ces moments de survie qu'il m'aurait peut-être livrés.

Mon père avait gardé certaines des cartes postales que mon grand-père et son frère Fernand avaient envoyées du front. Les mots étaient simples, pudiques, rassurants. Ils préféraient s'inquiéter de savoir si leur petit frère Abel était sage et travaillait à l'école. Bien sûr, la censure surveillait le contenu des courriers. Mais je crois que pour la plupart des poilus ces messages étaient, avant tout, une façon de garder un lien avec la famille. Nier quelques instants qu'ils étaient loin de leur terre natale et comme exclus de cette vie normale pour une existence extraordinaire qu'ils n'avaient pas réclamée.

Mon père avait rassemblé les cartes postales dans un classeur. Elles étaient fixées avec des coins, mêlées à d'autres cartes vierges. Il fallait donc les retourner les unes après les autres pour voir si quelque chose était écrit derrière. Je trouvais étrange de ne pas avoir rangé séparément les cartes authentiques, envoyées, et celles rapportées ou achetées à l'époque ou plus tard mais qui n'étaient porteuses d'aucun message. Les premières étaient sacrées, les autres n'étaient que des documents de musée. Mais ce rangement ne m'étonnait pas de mon père. Pour lui, elles appartenaient toutes au classeur « Première Guerre mondiale ». Plusieurs fois, durant mon enfance et mon adolescence, j'ai fouiné dans la bibliothèque pour regarder ce classeur petit format. Chaque fois avec la même impression de proximité et en même temps d'irréalité. Les films documentaires, la lecture au collège des *Croix de bois* de Roland Dorgelès et d'*À l'ouest rien de nouveau* d'Erich Maria Remarque me donnaient une idée assez précise des tranchées mais je devinais que je ne pouvais me représenter qu'une infime partie de ce qu'avait été la première ligne de feu. De même lorsque ma tante me montra la photo qu'elle avait gardée de mon grand-père en poilu avec ses camarades.

Je n'avais pas encore trois ans à la mort de mon grand-père. J'ai beau chercher, je ne garde aucun souvenir de lui, pas même une impression vague ou fugitive. Pourtant, et peut-être en serait-il touché, je n'ai jamais pensé à la guerre de 14-18 sans penser à lui, comme s'il l'incarnait. Quand je lisais ses cartes postales, je songeais qu'il avait été courageux mais je crois que je ne me le représentais pas en héros. Pour moi, sans diminuer son mérite et sa bravoure, c'était d'abord mon grand-père dont ma sœur surtout me parlait parce qu'elle l'avait mieux connu. Il lui achetait des bonbons, il l'emmenait dans son jardin potager et même s'il n'était guère valide avec son bras infirme et sa canne, il jouait avec elle. Quand je lisais ses cartes postales, j'avais cependant conscience qu'une part de sa vie avait été gouvernée par l'Histoire et j'en avais le vertige. Il n'avait pas choisi de se battre. Il avait fait son devoir. C'était ainsi. Il n'aspirait pas à l'héroïsme mais son destin avait été d'être un brave parmi les braves. Il fut distingué par la croix de guerre qui récompensait les soldats ayant eu une conduite exceptionnelle pendant le conflit. Il obtint aussi la médaille militaire accordée pour acte de bravoure. Je n'en saurai jamais davantage.

Ma fascination émue pour la Grande Guerre a donc commencé enfant devant ces monuments aux morts et à travers la figure de Louis Charton. Au fil des années, chaque fois qu'un détail, un événement me rappelaient cette période, j'éprouvais le même bouleversement et la même curiosité. Le 11 novembre était pour moi un jour particulier. J'essayais chaque fois de comprendre le front, de le saisir avec mes faibles et dérisoires moyens.

Il y a une dizaine d'années, je suis allée à une représentation des *Derniers Jours de l'humanité* de Karl Kraus au théâtre d'Aubervilliers. Une adaptation de cette pièce-fleuve de près de huit cents pages, composée de plus de deux cents scènes inspirées de paroles et faits réels, d'articles de presse, de la réalité, celle de la première ligne et de son horreur et celle de l'arrière avec ces patriotes au verbe haut qui n'ont pas de scrupules à appeler les autres à se sacrifier pour la patrie.

Un texte violent mais très réaliste et prophétique. Karl Kraus touché par une malformation à la colonne vertébrale n'avait pas été mobilisé. Mais il n'avait eu de cesse, dès le début du conflit, de dénoncer les ardeurs bellicistes de la presse et de l'opinion. Ce polémiste combattait à sa manière, devinant que son pays, l'Autriche, comme le reste de l'Europe, avait tout à perdre. Il militait en faveur de la paix et fut accusé de défaitisme. Son texte est encore aujourd'hui d'une grande force parce qu'il dépasse le cas de la Première Guerre mondiale. Il révèle une part de l'humanité, tantôt glorieuse, tantôt haïssable.

J'allais à ce spectacle pour en faire une critique. Je n'avais jamais été à Aubervilliers. Le soir tombait lorsque je suis arrivée, j'ai regardé les immeubles, des HLM, où chaque fenêtre identique me faisait l'effet d'une case de clapier. Triste et laid, presque déshumanisé même si des milliers de gens vivaient derrière ces fenêtres. Presque l'anonymat de ces poilus disparus et qui ne sont plus que des noms.

Dans le hall du théâtre il y avait une exposition sur la Grande Guerre. Je me rappelle une seule photo représentant un homme étendu, mort, comme le « dormeur du val » de Rimbaud. Souvenir de 1870. Une guerre en appelle une autre.

À côté, un cheval mort aussi. Deux cadavres, gravés bien nettement sur une petite photo en noir et blanc. Je me souviens d'être restée longtemps devant cette image, j'avais l'impression paradoxale de sentir la vie, qu'une partie de moi était réellement devant cette scène, comme si j'entendais le dernier râle du soldat et de son cheval et la canonnade au loin, comme si leurs corps étaient encore chauds.

Du réel au romanesque

D'après les dictionnaires, l'héroïsme désigne ce qui est propre aux héros : force d'âme, résistance au mal, courage face au danger... Sous l'Antiquité, le héros, bien que mortel, est lié aux dieux, favorisés ou désignés par eux. Dans son hérôogonie, Hésiode dresse une sorte de catalogue des héros, fruits des amours d'un dieu ou d'une déesse avec un ou une mortelle. Chez Homère, c'est le nom donné aux êtres d'un courage et d'un mérite supérieurs, mais ne faisant pas forcément l'objet d'un culte. Rapidement, le mot a été lié à la guerre, désignant un homme qui se distingue par sa bravoure et sa grandeur d'âme au combat.

Par la suite, notamment avec l'apparition du roman, issu de l'épopée, le héros est devenu la figure la plus importante d'une histoire : un personnage central et positif, voire vertueux. On hésite en effet à qualifier de héros une figure fictive qui n'est que noirceur. On préfère parler seulement de personnage principal ou de narrateur, si le roman est écrit à la première personne. Difficile ainsi de qualifier de *héros* Patrick Bateman, golden boy et psychopathe d'*American Psycho*. Bret Easton Ellis ne nous épargne aucune des effroyables tortures que Bateman inflige à ses victimes, notamment les femmes et les SDF qu'il tue souvent à petit feu, sans parler de son antisémitisme et de son homophobie qui lui inspirent d'autres crimes. On est dans la véritable caricature et Bateman n'est, si on peut dire, un *héros* que dans le sens où il est hors du commun. Mais il n'a aucun courage puisqu'il s'en prend à des êtres vulnérables et ses crimes sont parfaitement gratuits. Nul héroïsme donc. Maximilien Aue, narrateur des *Bienveillantes* de Jonathan Littell, a quant à lui des convictions. C'est un officier SS, participant actif à l'extermination des Juifs. La figure du criminel de guerre est certes le cas extrême. Hélas, aux yeux de ceux qui cautionnent tel ou tel crime au nom d'une idéologie, d'une religion, un nazi ou un terroriste, par exemple, est un héros, d'autant plus lorsqu'il sacrifie sa vie pour sa cause. Bien des kamikazes sont considérés comme des héros par ceux qui trouvent leurs actes criminels justes et beaux. Même si, d'emblée, les mots de héros et d'héroïsme apparaissent comme positifs et clairs dans notre esprit, la qualification peut être subjective, en fonction des idées politiques ou des croyances. Staline est apparu ainsi comme un héros (presque un demi-dieu) pour des millions de Russes. De même Hitler pour un grand nombre d'Allemands... Ainsi que d'autres dictateurs d'hier et d'aujourd'hui, passés maîtres dans l'art de manipuler les foules.

Aujourd'hui, le héros semble avoir déserté l'Histoire. Le mot fait d'abord penser maintenant à un personnage fictif issu de la littérature ou du cinéma. Une figure qui n'est pas forcément exemplaire mais à laquelle le lecteur peut s'identifier sans éprouver un sentiment d'horreur ou de malaise. C'est le « héros ordinaire ». Hollywood a aussi véhiculé une image de héros manichéen, pétri de certitudes, certain d'agir pour le bien, appartenant clairement à la fiction. Ce sont des super héros selon l'idéologie américaine.

Si en ce début de second millénaire le héros a souvent perdu de sa splendeur, s'est dilué dans le banal et le fictif, le terme d'héroïsme, lui, renvoie moins au romanesque qu'à l'Histoire et, précisément, à la guerre.

Question de morale et de pacifisme

Mais quand on parle de guerre, si juste qu'elle puisse paraître, on parle de tuer. Faire preuve d'héroïsme, de courage, de désintéressement, c'est alors ne pas hésiter à affronter l'ennemi, accepter de mourir mais aussi être capable de tuer même si c'est au nom d'une idée, d'un but louable : le héros n'est pas un sage. Sa force morale peut s'exercer avec brutalité s'il le faut. La guerre met entre parenthèses certaines lois pour en établir d'autres.

Ce permis de tuer pose un problème éthique. En novembre 1914, dans une lettre à André Billy, Paul Léautaud écrit à propos d'Alain-Fournier, dont il a appris la mort : « Du moins, Fournier, lui y était parti, si j'en juge par une lettre qu'il écrivit alors à Péguy, dans des sentiments guerriers. Je ne sais pas, mais cela me dispose à m'attendrir un peu moins sur lui. Quiconque a le goût de tuer, s'il est tué, je ne vois pas bien de quoi il peut de plaindre. » Léautaud soulève une question morale en temps de guerre où les valeurs sont bouleversées. Mais replacée dans son contexte sa déclaration est choquante. Il accuse Alain-Fournier de sentiments belliqueux que le jeune écrivain n'avait pas et la formulation « goût de tuer » est injuste et révoltante : à la différence de Léautaud, l'auteur du *Grand Meaulnes* n'a pas hésité à faire son devoir de citoyen français. Léautaud a conscience d'être incapable d'une quelconque forme d'héroïsme, et se cache derrière une attitude faite d'indifférence et de misanthropie. Dans cette même lettre, Paul Léautaud tremble d'être contraint de partir au front : il a été réformé en temps de paix mais qu'en sera-t-il en temps de guerre ? Il exprime ses craintes à Billy qui, lui, essuie le feu de l'ennemi. Il ne vient même pas à l'idée de Léautaud de s'engager dans un service auxiliaire comme l'ont fait Jean Cocteau ou Jean Paulhan. C'est un esprit brillant mais un embusqué préférant nourrir ses animaux plutôt que se soucier des hommes qui se battaient pour la France. Il ne remercie même pas les autres de se faire tuer pour préserver sa liberté et n'exprime pas de convictions pacifistes : les Allemands ne le dérangèrent jamais ni en 1914 ni en 1939.

L'héroïsme lors de la Grande Guerre, comme durant tout autre conflit, est une notion à la fois admirable et discutable. J'ai choisi d'en faire l'éloge parce qu'à mes yeux c'est ce que l'Histoire doit retenir. Dans cet immense désastre qu'a constitué ce premier conflit mondial, s'il n'est pas possible de faire revenir tous ceux qui sont morts, d'offrir un nouvel avenir à tous ceux dont la vie a été meurtrie de façon irréversible, le mieux que l'on puisse faire est de rendre hommage à leur mémoire et de mettre en valeur les aspects positifs de leurs actions.

J'ai décidé de n'aborder que le camp français mais un grand livre comme *À l'ouest rien de nouveau* de Erich Maria Remarque rappelle utilement que si Guillaume II a déclaré la guerre à la France, il a enrôlé des hommes qui n'ont pas eu plus le choix de tirer sur des Français que des Français sur des Allemands. Tous ont servi de chair à canon. « Les cadavres des nôtres et des leurs, mêlés sur les champs de bataille, semblent unis par une définitive camaraderie », note avec justesse Jean de La Ville de Mirmont dans une lettre à sa mère le 8 novembre 1914.

Bien sûr, en août, un grand élan patriotique habitait les deux camps mais ce n'est jamais un peuple qui décide d'une guerre, seulement des hommes détenant le pouvoir et capables de manipuler une foule ou de lui imposer sa volonté.

Refuser de tuer en cas de guerre, c'est se sacrifier inutilement ou faire preuve d'un pacifisme dont beaucoup diront qu'il cache une simple lâcheté. C'est parfois le cas mais les vrais lâches sont comme Léautaud, ils suivent leur intérêt personnel et n'expriment leurs convictions, s'ils

Question de morale et de pacifisme

en ont, qu'en privé. Proclamer haut et fort son antimilitarisme, c'est s'exposer avec courage.

L'héroïsme, à mes yeux, ce n'est pas seulement affronter la mort pour une raison jugée honorable comme défendre sa patrie. Combattre avec des mots est aussi un acte courageux. Karl Kraus en fit preuve en ne cessant de condamner les atrocités de la guerre. Romain Rolland fit de même. Certes les mots ne tuent pas physiquement mais peuvent être lourds de conséquences, dans le bon comme dans le mauvais sens. Il faut remarquer que tous les écrivains qui ont manifesté leur pacifisme ont été attaqués, accusés de traîtrise.

Pour Romain Rolland, l'amour de la patrie, argument avancé par les belligérants, ne signifie pas haine des autres patries. Il demande plutôt à ce que l'amour de chacun pour sa nation profite au bien commun européen. Le 22 septembre 1914, dans le *Journal de Genève,* Romain Rolland publie « Au-dessus de la mêlée ». Son appel au pacifisme est daté du 15 septembre : la guerre débute, on la croit courte. Rolland, lui, devine qu'elle sera longue, meurtrière et désastreuse moralement pour l'Europe entière. L'écrivain, qui devait être couronné par le prix Nobel de littérature en 1915, appelait à considérer le conflit avec l'Allemagne avec plus de recul, « au-dessus des haines », titre initial de son texte. Dans les premières lignes, il fait allusion à la mort de Péguy. Il ignore que, le jour même de la parution de son appel, Alain-Fournier tombe à son tour. Hasard symbolique.

Rolland s'exprime avec beaucoup de force, ne craint pas de faire des chefs d'État les « auteurs criminels [qui] n'osent en accepter la responsabilité ». Il s'insurge aussi contre les intellectuels allemands et français qui se traitent mutuellement de « barbares ». Ces mêmes intellectuels qui quelques mois auparavant échangeaient encore en bonne intelligence. Sa peinture apocalyptique va hélas s'avérer exacte et annonce aussi bien les suites de la Première Guerre que la Seconde. « Osons dire la vérité aux aînés de ces jeunes gens, à leurs guides moraux, aux maîtres de l'opinion, à leurs chefs religieux ou laïques [...] Quoi, vous aviez dans les mains de telles richesses vivantes, ces trésors d'héroïsme ! À quoi les dépensez-vous ? Cette jeunesse avide de se sacrifier, quel but avez-vous offert à son dévouement magnanime ? L'égorgement mutuel de ces jeunes héros ! La guerre européenne, cette mêlée sacrilège, qui offre le spectacle d'une Europe démente, montant sur le bûcher en se déchirant de ses mains, comme Hercule ! » Le style grandiloquent de Rolland a un peu vieilli, certes. Mais la portée de son message reste et la force de ses convictions fait penser à celle d'un Péguy. Bien sûr, Rolland, âgé de quarante-huit ans, vit à Genève, à l'abri. Mais il s'engage auprès de la Croix-Rouge et fait preuve de courage en publiant ce texte, en osant s'opposer à tous. Même ses amis germanophones européens convaincus, comme Stefan Zweig au début du conflit, préféreront soutenir leur nation plutôt que l'Europe et la civilisation. Seul le spectacle du front et des villages détruits ramena Zweig et d'autres intellectuels des deux camps à des sentiments antimilitaristes. Il fallut près de deux ans pour que les appels à la paix commencent à être entendus...

On a accusé Rolland de soutenir l'ennemi, d'autant qu'il avait eu le malheur d'écrire une *Vie de Beethoven* en 1903 et de manifester son goût pour la culture germanique. C'est mal lire son texte. Il fustige clairement l'impérialisme prussien mais pour lui cet impérialisme est alimenté par une minorité qui oblige la masse des Allemands à se battre. Il condamne aussi le tsarisme et toutes les formes directes ou non d'impérialisme, « pieuvre qui suce le meilleur sang de l'Europe ». Il appelle à la création d'une Haute Cour morale à l'initiative de pays neutres de l'Ancien et du Nouveau Monde. Il souhaite que les pays non engagés interviennent pour séparer les belligérants. Mais ces pays, en premier lieu la Suisse, tiennent trop à leur position et à leur tranquillité... Romain Rolland voudrait aussi que l'élite européenne ne se compromette pas en soutenant la guerre : « L'humanité est une symphonie de grandes âmes collectives. » L'Europe est faite pour être unie par-delà les frontières et les langues, sur la base commune de la civilisation judéo-chrétienne. Souhaitons qu'elle puisse écrire définitivement la partition de cette symphonie.

Mais quand la guerre est déclarée, le pacifiste est presque toujours obligé de se battre lui aussi ou d'accepter de mourir pour ses idées. L'assassinat de Jean Jaurès est certainement le meilleur exemple. Il est la première victime de la Grande Guerre, deux jours avant la déclaration de mobilisation générale en France. Henri Barbusse partage ses convictions pacifistes. Ses quarante et un ans et sa santé fragile (il souffre d'entérites chroniques qui vont s'aggraver au front) auraient pu lui épargner la première ligne mais il refuse le service auxiliaire. Écrivain connu, directeur littéraire chez Hachette, il s'engage dès les premiers jours d'août 1914 tout en assistant aux obsèques de Jaurès. Pourquoi ? Parce que ce socialiste antimilitariste croit que vaincre la puissante Allemagne, c'est permettre d'installer ensuite une paix durable en Europe. Il s'imagine comme tout le monde que ce combat n'est qu'une affaire de quelques semaines. Une « juste guerre », comme le dit aussi Péguy. Henri Barbusse part se battre, non par patriotisme, mais au nom de valeurs humanistes dépassant les frontières et nationalités. « Je crois à la nécessité du sacrifice dans une guerre qui est une guerre de libération sociale comme celle de 1792. » Idéalisme,

Question de morale et de pacifisme

certes, mais héroïsme aussi. Se battre pour un avenir meilleur, pour les prochaines générations. Réflexe de père pour ses enfants.

Finalement, les convictions de Barbusse le rapprochent de celles qui ont animé Péguy. Comment ne pas les admirer ? Au-delà de leur combat écrit, ils n'ont pas hésité à donner de leur personne.

Henri Barbusse arrive en première ligne fin décembre 1914, après quelques mois passés dans une caserne, à Albi. En participant à la bataille de Crouy, dans l'Aisne, les 8 et 9 janvier 1915, il prend conscience de l'horreur des bombardements même s'il se bat avec courage. Pour conserver une part d'humanité, Barbusse se rase pendant une accalmie (comme l'avait fait Stendhal lors de la retraite de Russie au mépris du froid terrible). Pendant ses vingt-deux mois d'engagement, Barbusse va noter tout ce qu'il voit.

Il est si choqué par le front qu'une fois réformé il n'hésite pas à s'exprimer à contre-courant de l'opinion de l'arrière qui nie encore les horreurs au nom du patriotisme et pour éviter le découragement des troupes. En effet, même si cette guerre s'enlise, devient barbarie, il n'est pas acceptable d'en appeler au pacifisme, ce serait s'avouer vaincu ou faire preuve de lâcheté. La censure veille et Barbusse se révolte. Durant l'été 1916, il publie *Le feu, journal d'une escouade*, d'abord en feuilleton dans *L'Œuvre*, quotidien populaire affichant des idées pacifistes, puis en volume. Le livre est dédié à ses camarades tombés à Crouy. La censure n'intervient pas et le livre obtient le Goncourt. Même à l'arrière, après plus de deux ans de conflit, on est prêt à voir la réalité en face. Enfin.

Le jeune Jean Giono, né en 1895, sera aussi traumatisé par son expérience du front vécue entre juin 1916 et l'armistice. Comme beaucoup de soldats encore valides, Giono effectue des manœuvres et missions et n'est libéré de ses obligations qu'au bout d'un an, à l'automne 1919. Il deviendra ensuite un farouche pacifiste. Au milieu des années 1930, il s'inquiète déjà des nouvelles menaces qui pèsent sur l'Europe et de la montée d'Hitler. Il sera arrêté en septembre 1939 pour son pacifisme affiché, puis accusé de collaboration en 1944. Sa position et ses activités pendant la Seconde Guerre mondiale montreront bien son conflit intérieur : il soutiendra le régime de Vichy qui, selon lui, garantissait la paix, tout en cachant quelques Juifs et quelques communistes. Il continuera à publier, fréquentera les autorités allemandes chargées de la censure sans cependant soutenir l'hitlérisme par ses écrits. Or, tout comme pour Romain Rolland durant la Première Guerre mondiale, le cas de Giono montre qu'un pacifisme total est presque intenable. En collaborant, Giono pensait à sa jeunesse meurtrie et à tous ses compagnons morts au front. Il préférait la défaite au sacrifice qui semblait vain puisque la guerre recommençait.

Cependant, dans les deux camps, à l'aube du conflit de 14-18, les antimilitaristes sont minoritaires. Même les esprits les plus sages s'engagent avec enthousiasme. Jacques Rivière écrit ainsi dans ses *Carnets* : « J'étais parti en guerre avec un cœur bien joyeux, bien jaloux de gloire. » Désir de gloire, d'actes de bravoure : voilà ce qui anime la plupart des écrivains, soldats comme les autres. Rares sont ceux qui expriment des sentiments germanophobes. On se bat moins contre des Allemands que pour être un héros pour la France. Apollinaire et Céline sont certainement les plus féroces contre les « Boches » dans leurs lettres !

L'héroïsme est une affaire d'hommes

« Les femmes sont-elles plus morales que les hommes ? » La question fit l'objet d'un dossier dans un numéro de *Philosophie magazine* en 2011. Il est certes difficile d'être complètement affirmatif mais on peut imaginer que si la terre n'était peuplée que de femmes il n'y aurait pas de guerre. Des conflits, assurément, mais qui n'aboutiraient pas à des tueries. Les femmes guerrières sont les amazones. Or, elles se sont coupé un sein pour tirer à l'arc plus facilement. Elles ont donc supprimé une partie de leur féminité pour ressembler à des hommes. On trouve ce type de guerrières dans plusieurs civilisations mais, la plupart du temps, elles sont perçues négativement ou bien symbolisent à l'extrême le combat féministe : dominer les hommes qui, d'ordinaire, gouvernent. Ne plus être femmes mais ressembler aux hommes.

Jeanne d'Arc est évoquée par plusieurs écrivains de la Grande Guerre et son culte connaît alors un regain. N'est-elle pas le seul exemple d'héroïsme féminin guerrier bien réel et proche de nous ? Mais une part de l'action de Jeanne d'Arc lui échappe : c'est une révélation, un appel de Dieu qui pousse la bergère à revêtir des habits de soldat. En outre sa façon de voler au secours de son roi, de son pays, a quelque chose d'assez maternel. Elle inspire de l'héroïsme aux combattants plus qu'elle ne se bat elle-même. Elle est une Marianne de l'Ancien Régime, la France est l'enfant qu'elle veut sauver de ceux qui la menacent.

Le mot héroïne fait penser spontanément au romanesque, comme si seul le héros pouvait appartenir aussi bien à la fiction qu'à l'Histoire. Les femmes comme les résistantes ou Jeanne d'Arc ont été héroïques mais le terme d'héroïne, bien qu'employé parfois pour les qualifier, désigne essentiellement un être fictionnel ou dont la vie est digne d'un roman. L'usage révèle bien notre perception de cette notion. L'héroïne se distingue par une vie aventureuse où le courage est davantage un courage de caractère, sortant de l'ordinaire mais sans forcément être admirable. Manon Lescaut est une héroïne. Ce n'est pas un modèle de vertu et de grandeur mais elle est forte et aventureuse.

En général, les femmes développent un courage qui n'est pas moins admirable mais d'ordre plus intime et généralement sans armes : courage de la persévérance, fidélité, sens du sacrifice maternel. Si les femmes sont plus morales que les hommes, n'est-ce pas parce qu'elles portent en elles la vie pendant neuf mois puis mettent au monde l'homme de demain ? Or l'héroïsme, au contraire, n'est-il pas lié à la mort ? Le héros n'hésite pas à tuer si nécessaire et sa mort fait partie de son héroïsme. Elle doit être belle, symbolique, forte. Les seuls héros hommes qui se rapprochent de l'héroïsme féminin sont les médecins comme Georges Duhamel. Ses livres consacrés à la Grande Guerre, *Vie des martyrs* et *Civilisation* en premier lieu, indiquent implicitement qu'il se place du côté des femmes, de la préservation de la vie, de la souffrance du héros qui n'est pas faiblesse mais noblesse. « Je ne veux pas que toute ta souffrance se perde dans l'abîme », déclare le docteur Duhamel en s'adressant à l'un de ses blessés, Carré, un paysan prématurément vieilli, dont la vie et le courage lui semblent déjà oubliés avant même que le malheureux ne meure au bout de quelques semaines d'agonie.

Pour Duhamel, les soldats comme Carré sont des martyrs et il en appelle à un sursaut d'humanisme. Le 4 juillet 1915, il écrit ainsi à Blanche, sa jeune épouse : « Il n'y a de civilisation que celle qui tend au bonheur, et celle-là se passe aussi bien des chemins de fer que des aéroplanes et des canons de 420. » À sa façon, il s'est battu pour cette civilisation contre celle, « tout industrielle et scientifique », qui aboutissait à une barbarie après avoir promis tant de beaux progrès pendant la Belle Époque. Duhamel, jeune médecin engagé volontaire près des premières lignes en dépit d'une santé assez fragile et d'une vue médiocre, a soigné des blessés venus tout droit de Verdun. Il a réconforté bien des amputés et des gueules cassées. Il a fermé les yeux de bon nombre de ces soldats qui ne pouvaient être sauvés et dont les jeunes visages angéliques contrastaient avec les violences du front d'où ils revenaient le corps meurtri par une balle ou un obus.

Duhamel luttait contre la guerre pour la vie. Il fut honoré en qualité d'« âme d'élite », lors de sa citation à l'ordre du 1er corps d'armée, le 28 avril 1917. « Âme d'élite », un terme plus doux que héros et qui peut aussi convenir aux femmes. Dans le volume rassemblant les récits en temps de guerre de Georges Duhamel, aux éditions Omnibus, quelques photos montrent l'écrivain au milieu des blessés et de ses confrères. Il y a aussi une photo de Léglise, dont Duhamel parle plusieurs fois dans ses lettres à sa femme en 1915. Le sourire de cet homme convalescent, dans son lit, est emblématique de ce doux héroïsme de Duhamel, des autres médecins, infirmiers et infirmières. Duhamel a su redonner goût à la vie à Léglise, jeune homme qu'il a dû pourtant amputer de la jambe gauche puis de la droite... Dans ses livres comme dans ses lettres, Duhamel évoque d'autres blessés avec lesquels il a entretenu une sorte d'amitié. Il répète les mots, parfois les derniers, prononcés par ses patients. « Les paroles textuelles de ces pauvres gens valent souvent ce qu'on a imaginé de plus beau », écrit-il à sa femme. Il est aussi confronté à ces soldats que la médecine a pu alors si bien soigner qu'on les a renvoyés dès que possible sur le front... Sans tenir compte des traumatismes psychologiques qui incitaient certains blessés légers à se mutiler pour ne pas retourner dans l'enfer des tranchées.

Plusieurs fois, j'avoue avoir été séduite par les propos héroïques mais guerriers d'écrivains soldats. Mais passé un moment de fascination devant tant de courage déployé par ces auteurs mais aussi par leurs compagnons d'infortune (car pour moi, il s'agit d'infortune), je ne pouvais m'empêcher de juger toute cette bravoure excessive. Trop de sacrifice, trop de violence que rien ne peut justifier à mes yeux, pas même la défense d'une patrie. Sentiments ambivalents, mélange de vif respect, de pitié, de révolte et d'incompréhension : tel est mon état d'esprit en songeant à l'héroïsme guerrier.

Le conflit de 14-18 est le premier à entraîner la participation massive de populations civiles. Il a concerné toutes les familles. C'est la guerre des hommes ordinaires devenus des héros malgré eux. Des généraux célèbres ont bien sûr donné leurs noms à des avenues et à des stations de métro... Je ne retire rien à leur mérite, mais les véritables héros sont ceux dont les noms sont gravés sur les monuments aux morts des villages français.

Malgré les réserves que m'inspire donc l'héroïsme guerrier, je choisis l'admiration. J'aimerais que ces millions d'hommes en France et ailleurs ne soient pas oubliés, n'aient pas été sacrifiés en vain même si leur combat faisait hélas le lit de la Seconde Guerre mondiale. « Ceux qui ont fait un acte brillant et par chance utile ont autant de mérite que ceux qui, depuis le début, ont accompli sans manquement l'énorme, écrasant et terrible labeur du simple soldat. Ceux-là sont vraiment des héros magnifiques car je sais ce que ce pauvre et simple travail signifie de misère, de souffrance, de sacrifices, d'abnégation réelle, d'autant plus que cette interminable dépense d'héroïsme s'accomplit pour des causes que je persiste à trouver vagues, sans attaches avec le profond de nous-mêmes, et en réalité contraires à notre destinée humaine », écrit avec justesse Barbusse à sa femme, Hélyonne, le 8 juin 1915.

Il est normal que les morts pour la France, au cours d'autres conflits, soient honorés. Mais faire du 11 novembre une commémoration générale pour tous les soldats issus de la société civile ou militaire de carrière, tombés en France ou ailleurs, c'est retirer cette journée à *nos* poilus. C'est leur voler le peu qu'ils ont eu. Existe-t-il donc une date de péremption de l'hommage ? Un laps de temps au-delà duquel il faut incorporer les morts d'hier à d'autres plus récents pour que cela garde un sens ? Il ne reste plus de poilus vivants, est-ce une raison ? Nous sommes leurs enfants et dépositaires de leurs destins brisés ou bouleversés. Préserver le 11 novembre, comme commémoration de l'armistice de 1918, c'est permettre aux prochaines générations de connaître ce qui demeure comme l'une des plus grandes tragédies qu'ait connues l'Europe, apprendre à respecter notre mémoire, et peut-être toucher des consciences pour éviter d'autres conflits et même plus largement toutes les formes de violence.

Enfin, en faisant l'éloge de l'héroïsme si souvent lié à la guerre, donc à la mort, il me semble également faire l'éloge de la soif de vivre. D'une certaine forme d'énergie, d'espoir et d'injonction à se dépasser. Contre la banalité, la médiocrité et l'absence d'idéal qui nous enferment si facilement si on n'y prend pas garde et nous font subir l'existence au lieu de la prendre à bras-le-corps. Quant à la littérature que je convoque, elle est pour moi une façon d'ajouter de l'humanité, de la beauté même à cette tragédie. Une autre forme d'héroïsme.

Écrire

En 1916, alors qu'il est en convalescence, Apollinaire déclare dans une interview qu'il espère que cette « violente » leçon que constitue la guerre ne sera pas perdue. « Quoi de plus beau du reste que de chanter les héros et la grandeur de la patrie ? Quoi de plus beau que d'inspirer de nobles sentiments aux générations à venir... ? »

Mettre des mots, c'est devoir résumer, choisir. C'est aussi en quelque sorte revivre, rendre à nouveau concret le passé. Les textes consacrés à des épreuves inhumaines — le front, les camps de concentration, les attentats notamment — rappellent ainsi le poids et le pouvoir des mots, la nécessité de les poser même s'ils ne peuvent tout dire. Considérer que certains événements de l'Histoire sont indicibles, c'est les condamner à mourir rapidement faute de traces à transmettre aux générations suivantes. Les images, fragiles, ne suffisent pas.

J'admire ainsi l'héroïsme de ces écrivains qui

sont partis au front sans chercher à se « planquer », devançant même parfois l'appel ou s'engageant sans y être obligés. Revenus, ils ont accompli un autre devoir non moins courageux : écrire pour la mémoire des morts, pour soutenir les survivants parfois grièvement estropiés, écrire pour que l'horreur ne se reproduise pas. La *Der des Ders* sera suivie d'un autre cataclysme, certes, mais les témoignages n'en étaient pas moins nécessaires. En écrivant, les auteurs permettent à la mémoire de leurs camarades de survivre par la littérature et de symboliser ces millions d'autres combattants oubliés. Une tâche qui les honore. Outre une œuvre de mémoire, les récits de la Première Guerre mondiale ont enrichi et élargi l'univers, l'esprit de ces écrivains. Certes, cet enrichissement s'est accompagné d'un traumatisme mais ils ont eu l'occasion de se dépasser, non pas seulement physiquement mais aussi littérairement. Ils ont atteint de cette façon la grandeur par l'écriture et ont su tirer parti de ce que le destin leur a infligé.

Jean Norton Cru, professeur de français, a étudié à la loupe des dizaines de récits afin d'en vérifier la véracité. Maurice Genevoix est finalement, avec *Ceux de 14*, un des rares auteurs à avoir grâce à ses yeux. Jean Norton Cru ne supporte pas l'introduction du romanesque dans ces textes. Pour lui, la réalité ne saurait être déformée, même pour construire un récit plus poignant et cohérent. Sa position peut se comprendre : ancien combattant, ce qu'il a vécu lui semble trop sacré pour y faire entrer des considérations littéraires.

Mais des ouvrages comme *Le feu* ou *Les croix de bois* ont bouleversé les soldats qui ont pu les lire. Peu leur importaient les changements de noms, ou encore que différentes batailles soient condensées en une seule. Leur guerre est là avec tout ce que la littérature peut apporter de supplément de force et de beauté humaine. Une étude de ces romans par rapport aux lettres et carnets des écrivains, quand ils existent, prouve d'ailleurs qu'ils ont repris beaucoup de détails vécus sans rien changer.

Plusieurs auteurs racontent combien leurs camarades souhaitaient qu'ils soient leur porte-parole, leur témoin. C'est une façon de rendre moins vains tant d'efforts, de sacrifices, de souffrances. C'est mettre en valeur tant d'héroïsme devenu ordinaire car appartenant au quotidien du soldat. Les livres de Duhamel, de Dorgelès, de Barbusse, de Giono ne sont pas mensongers. Les héros de la vie réelle deviennent aussi ceux d'un roman. Doublement héros. Pour certains jeunes écrivains, comme Maurice Genevoix, la Grande Guerre est le sujet de leur(s) premier(s) livre(s). Le journaliste et poète Adrien Bertrand, prix Goncourt 1916, ne fut l'homme que d'un seul roman consacré à son expérience au front,

L'appel du sol. Il succomba à ses blessures en novembre 1917.

Giono n'avait rien publié avant la guerre. Fortement marqué par la boucherie à laquelle il a assisté, revenant lui-même avec des blessures et légèrement gazé, le jeune homme de vingt-quatre ans se réfugie d'abord dans sa Provence natale avec *Colline*, *Un de Baumugnes* et *Regain*. Plus de dix ans après, en 1931, il publie *Le grand troupeau*. Presque tout est dit dans le titre. Pour lui, tout « ça ne vaut pas la vie d'un homme avec ses jours de plaisir, avec tout ce qu'il peut râteler vers lui de bonheur et de tranquillité de ses mains travailleuses ». On rejoint la définition de la civilisation de Duhamel. Burle, le personnage de Giono, va pourtant se battre, mais pour la vie. Giono écrit péniblement *Le grand troupeau* et n'en sera pas satisfait. Sans doute cherchait-il à se libérer de ce passé qui ne le quittait pas. Une catharsis qui n'aura pas tous les effets escomptés. « Je ne peux pas oublier la guerre. Je le voudrais. Je passe des fois deux jours ou trois sans y penser et brusquement, je la revois, je la sens, je l'entends, je la subis encore. Et j'ai peur », confie-t-il encore en 1934 dans *Refus d'obéissance* dédié à Louis David, l'un de ses amis d'enfance, mort en Alsace en 1915. Il traitera à nouveau du conflit plus ponctuellement, dans quelques textes, et reste obsédé par le sang, les corps souffrants comme dans *Le hussard sur le toit* et *Un roi sans divertissement*, par exemple.

Duhamel avait publié des poèmes et des pièces de théâtre avant la guerre. Au printemps 1914, il écrit le premier chapitre de *Confession de minuit*, premier volume de son grand cycle romanesque, *Vie et aventures de Salavin*. Il ne le reprendra qu'en 1920 après avoir consacré deux livres à la guerre : *Vie des martyrs* (1917) et *Civilisation*, qui lui vaut le Goncourt en 1918. Il traitera de ce conflit dans un troisième ouvrage, *Les sept dernières plaies*, en 1928. Étrange situation : qu'auraient écrit ces jeunes gens sans la Première Guerre mondiale ? Nul ne le sait, pas même eux. Tous ces futurs auteurs auraient-ils écrit d'ailleurs ? Peut-être ont-ils trouvé dans la guerre une inspiration à la fois terrible et intense ou ont compris où se trouvait leur vocation. Pour beaucoup, elle restera un thème directement ou indirectement présent, comme une sorte de cauchemar dont même le retour à la paix ne pourra les délivrer.

L'écrivain, même en habit de soldat, reste écrivain. Il se tient à la fois à l'extérieur par l'écriture et au milieu de la vie, au milieu des autres poilus, partageant leur quotidien et leur destin. Les intellectuels ne cachent pas combien, au début surtout, ils se sont parfois sentis très seuls au milieu de paysans et d'ouvriers qui n'avaient pas leur culture. Mais la fraternité face à l'adversité les a liés à eux et ils ont fini par se passionner pour ces univers populaires, pour l'argot des tranchées et pour les vies civiles de leurs camarades. Peut-être qu'écrire, et lire aussi, les a, sinon sauvés, du moins leur a permis de tenir, nerveusement dans certaines circonstances, de faire face à leur peur. C'est bien ce qu'expliquera Dorgelès dans *Bleu horizon, pages de la Grande Guerre*, en évoquant l'été 1915 alors que son régiment essuie un bombardement à Neuville-Saint-Vaast, en Artois : « Les doigts paralysés, j'ai saisi mon crayon, et d'une petite écriture volontaire dont les mots ne se chevauchaient pas, lucide au point de biffer un terme, au point de faire un renvoi, j'ai noté mes impressions d'objets vivants qu'on va broyer, de bêtes qui tremblent, de cibles humaines. » Apollinaire aime raconter dans quelles positions fort inconfortables il écrit ses lettres sur un ton résolument distant, parfois drôle. Un pied de nez à la bombe qui pourrait lui tomber dessus.

Dorgelès, comme Cendrars, Barbusse, Duhamel et bien d'autres ont donné une profondeur humaniste à cette guerre des tranchées. Ces auteurs ont écrit sans chercher à se mettre en avant, sans chercher des effets de style même s'ils s'autorisèrent aussi des moments poétiques non moins bouleversants. Par exemple, quand Roland Dorgelès en 1915 annonce dans *L'Intransigeant* qu'il retient *Les croix de bois* pour un livre futur, il justifie ce titre d'une phrase lyrique : « Ceux qui reviendront de la guerre oublieront bien des choses, mais jamais ces centaines, ces milliers de croix de bois perdues dans les champs râpés ; plantées le long des routes encombrées de caissons, abandonnées dans les marécages et dans les doux cimetières de village où les tombes verdoyantes de ceux qui restent se donnent des airs de charmille pour rassurer ceux qui s'en vont. »

La fin de *La main coupée* est à la fois terrible et d'une beauté fulgurante. Cendrars évoque les agonisants, abandonnés sur les champs de bataille et appelant leur mère au secours. « [P]etit cri instinctif qui sort du plus profond de la chair angoissée et que l'on guette pour voir s'il va encore une dernière fois se renouveler [...] si épouvantable à entendre que l'on tire des feux de salve sur cette terre pour la faire taire, pour la faire taire, pour toujours... par pitié... par rage... par désespoir... par impuissance... par dégoût... par amour, ô, ma maman ! » Je ne peux lire ces lignes sans chaque fois être profondément émue et comment ne pas l'être ? J'essaie faiblement d'entendre la scène. Ces héros sans nom redeviennent des enfants. Leur mort fait écho au premier mot qu'ils ont prononcé et qui tant de fois les a rassurés. Dorgelès et Jean de La Ville de Mirmont avaient demandé à ce qu'on dise à leur mère que leur dernière pensée avait été pour elle. Tous ces soldats qui se vident doucement de leur sang se tournent vers la première femme de leur vie. Voilà aussi pourquoi les femmes ne peuvent être des héros de guerre. Et à cet instant, je plains davantage encore ces poilus privés de mère comme s'ils étaient une seconde fois abandonnés. Doublement héroïques.

Humanistes, les écrivains se sont posés en observateurs non pas distanciés mais attentifs. Leurs mots tombent souvent comme des couperets, dans leurs livres comme dans leurs lettres. Si Chateaubriand avait dû fouler la boue de Verdun, il aurait certainement perdu son style flamboyant pour raconter la réalité : la saleté, l'humidité, le froid, la chaleur, les corps déchiquetés et piétinés, les râles de douleur ou les cris d'agonisants abandonnés sur lesquels rats, corbeaux et mouches vont se ruer, attirés par cette chair fraîche.

Cette simplicité est certainement dictée par le contexte et me paraît admirable de pureté. Je me suis fait cette réflexion en lisant deux passages, l'un écrit par Cendrars, l'autre par Victor Boudon, un soldat. Bien sûr, *La main coupée* est bien l'œuvre d'un écrivain. Il y a de vrais passages de littérature, hors tranchée, si je puis dire. Cendrars décrit ainsi l'atmosphère des marais où quelques camarades et lui sont positionnés pour guetter les Allemands. Il parle de « ces flâneries » sur l'eau qui les « aguerrissaient » et se plaît à dérouler une longue phrase poétique évoquant : « arbre mort, touffes nageantes, paquets d'herbes à la dérive, silhouette anthropomorphe d'un saule étêté, remue-ménage dans les roseaux et les joncs, froissement de robes, cimes agitées, signes mystérieux, branches contorsionnées, froufrous de manches dans le vent... » Et de conclure : « Nous rentrions souvent drôlement impressionnés par la nature. »

Mais Victor Boudon, en racontant les derniers jours de la vie de Péguy, sait aussi nous émouvoir à travers son récit direct, clair, sans chercher des images littéraires mais parvenant à brosser un portrait vivant et précis de Péguy et de ses compagnons. J'ai été émue par ce passage dans lequel il évoque Lucien Lesueur, leur cuisinier. Celui-ci « ramène sur son épaule un sac rempli de pommes de terre ramassées dans quelque jardin de Villeroy [...] "Mais tu es fou, mon pauvre Lesueur. Laisse ça là !... — Penses-tu, me répondit-il, tu ne crois pas que je vais en faire cadeau aux boches, non !..." Et notre dévoué et brave cuistot fait quelques pas en avant, presque plié en deux sous le poids du sac, et comme tous, l'arme à la main... Une rafale de balles siffle. J'entends un léger cri, une plainte plutôt, et, me retournant, je vois notre pauvre ami allongé, foudroyé par un projectile qui vient de lui traverser le cœur... Infortuné Lesueur !... C'est le premier mort de la compagnie, cet après-midi du 5 septembre ».

Lucien Lesueur, un héros ordinaire, spontané comme il y en eut tant d'autres pendant ces plus de cinquante mois de conflit. Quelques heures plus tard ce sera, entre autres, au tour de Péguy de périr, dans un champ de betteraves.

Dès l'automne 1914, Roland Dorgelès pense au livre qu'il consacrera à la guerre : « J'écrirai un fameux bouquin, si je reviens », annonce-t-il à sa sœur. Péguy, avant même de partir, s'enthousiasmait pour ses œuvres futures. Geneviève Favre, une amie très proche, rapporte ses paroles : « Ce que je vais voir est tellement plus important que tout ce que j'écris. Je vais participer à de tels événements que ce que j'écrirai au retour dépassera tout ce que j'ai fait jusqu'ici. » Geneviève Favre ajoute : « Il était en face de moi transfiguré, éblouissant de lumière intérieure. »

Alors qu'il n'est au front que depuis peu de temps, Alain-Fournier dans une lettre à Pauline Perier, la femme qu'il aime, évoque également le livre futur qu'il compte écrire, exalté par un si beau sujet. Jacques Rivière, dès le 4 août, tient un carnet dans lequel il consigne ses pensées et raconte ses journées. Il s'agit d'un intéressant document sur sa vie de prisonnier et surtout son cheminement intellectuel et spirituel pendant ses près de trois ans de détention en Allemagne. Beaucoup d'écrivains ont pris aussi des notes lorsqu'ils étaient en première ligne ou demandaient à leurs correspondants de garder leurs lettres dans lesquelles ils racontaient leur vie, même si leurs propos étaient édulcorés pour ne pas inquiéter et passer les mailles de la censure.

Dorgelès et Apollinaire pratiquent particulièrement l'euphémisme. L'auteur des *Croix de bois* tente de rassurer sa mère, anxieuse si elle n'a pas une lettre tous les jours. Il va jusqu'à prétendre qu'il est comme un roi dans sa tranchée et que les attaques ne sont jamais pour son régiment... Apollinaire n'est pas avare de l'adjectif « épatant » quand il écrit à Lou et à Madeleine. Ces mensonges les distraient même si la réalité doit leur paraître d'autant plus dure. Quoi qu'il en soit, d'emblée, dans l'esprit de ces auteurs, la guerre se transforme en littérature à venir.

Un peu d'humanité sera sauvée.

Mal du siècle moderne

Je dois l'avouer, si j'ai entrepris cet éloge, ce n'est pas d'abord en songeant à mon grand-père et aux monuments aux morts de mon enfance, mais pour Jean de La Ville de Mirmont. J'ai découvert cet auteur au hasard d'une promenade dans une librairie. Une pile de son unique roman, *Les dimanches de Jean Dézert*, était posée sur une table. J'ai appris, en lisant la quatrième de couverture, qu'il était mort au front le 28 novembre 1914 et qu'il était né la même année qu'Alain-Fournier, sur lequel je travaillais alors. J'ai pensé qu'il pouvait être intéressant de le lire pour nourrir directement ou pas ma biographie de l'auteur du *Grand Meaulnes*. Mon goût pour les écrivains oubliés ou confidentiels a fait le reste. J'ai commencé à lire *Les dimanches de Jean Dézert* en sortant de la librairie, appuyée contre un arbre à deux pas de la fontaine Saint-Michel où j'avais un rendez-vous aussi prosaïque que possible.

Un coup de foudre littéraire dès les premières

lignes dans lesquelles Jean de La Ville de Mirmont définit son anti-héros, employé au « ministère de l'Encouragement au Bien (direction du Matériel) ». « À moins de le bousculer au passage, vous ne le distingueriez pas de la foule, tant il est vêtu d'incolore. Il porte un faux col trop large et une cravate quelconque. Les jambes de ses pantalons, ainsi que les manches de ses vestons, se plient d'elles-mêmes, aux genoux et aux coudes. Ses pieds tiennent à l'aise dans des chaussures fatiguées. » On dirait une parodie balzacienne. Là où Balzac s'attache à décrire les particularités de son héros, Jean de La Ville souligne sa banalité.

Après *Les dimanches,* j'ai lu son recueil de poésies, *L'horizon chimérique.* Écrits entre 1911 et 1913, ces poèmes ne sont parus qu'en 1920 et ont été mis en musique par Gabriel Fauré l'année suivante. Ensuite, j'ai acheté ses œuvres complètes : cela tient en un seul volume. J'ai découvert ainsi ses lettres du front adressées à sa famille. Il ne cache pas son impatience d'être en première ligne. J'ai vu en lui un héros, peut-être d'emblée en opposition à son double Jean Dézert, qui sur certains points lui ressemble cependant aussi comme un frère et qui incarne parfaitement l'anti-héros.

Un écrivain confidentiel de vingt-sept ans, fonctionnaire à la préfecture de la Seine, aspirant à l'héroïsme en cet été 1914. J'ai deviné tout de suite une mélancolie chez Jean de La Ville de Mirmont qui a piqué ma sensibilité. On est arrêté par la beauté dépouillée de son unique récit. Ce bref roman si moderne dans son style sec exprime avec humour l'absurdité d'une vie sans transcendance, d'un quotidien glacial et sans aspérité. Jean de La Ville est capable de dire la banalité avec une poésie désenchantée admirable. L'existence de fonctionnaire de Jean Dézert m'est apparue comme l'expression d'une forme de mal du siècle.

Le début de *La confession d'un enfant du siècle* rebute beaucoup de lecteurs à cause de sa grandiloquence. Certes le malaise, le désenchantement politique et héroïque, Musset le dit mieux à travers le personnage de Lorenzaccio. Mais ce préambule de *La confession*, au-delà de ses envolées lyriques, parle à la jeunesse, à toutes les jeunesses. Qu'est-ce qu'être jeune sinon rêver d'un certain héroïsme ? Qu'est-ce qu'être jeune si ce n'est refuser d'être condamné à vivre comme une mouche emprisonnée sous une cloche en verre ? Musset parle de sa peur de l'ennui, de sa peur de ne pouvoir exister, de ne pouvoir s'accomplir dans une société sclérosée. Dans une société en crise, dirait-on aujourd'hui.

En 1830, la France est une société bourgeoise, solide, tranquille, sans surprise, sans ambition, sans possibilité d'héroïsme. Les romantiques sont nostalgiques de l'épopée napoléonienne encore proche, mais à laquelle ils n'ont pu participer

Mal du siècle moderne

parce que « venu[s] trop tard dans un monde trop vieux », comme le dit Musset. Seul Stendhal a, parmi les romantiques, participé à l'aventure napoléonienne. Lui aussi d'ailleurs manifeste une réelle fascination pour l'Empereur et aurait rêvé d'être un hussard flamboyant et non un fonctionnaire de l'administration. Quant à la monarchie de Juillet, elle le déçoit. L'une des ambitions de Julien Sorel n'est-elle pas de triompher d'une société qui ne lui offre aucun avenir glorieux ? En 1830, les jeunes gens envient leurs pères qui ont été des héros comme ceux de Victor Hugo et d'Alexandre Dumas. Le père de Vigny, plus âgé, fit la guerre de Sept Ans, et c'est bien l'admiration qu'il nourrit pour lui qui a incité Vigny à entrer dans l'armée pour laquelle il n'était pas fait. Il a vite abandonné la carrière militaire en faveur de la poésie mais au moins a-t-il essayé d'être à la hauteur de son père.

La génération qui est partie au front en 1914 n'avait pas de pères à dépasser ou à égaler. Les plus âgés des soldats n'étaient pas encore nés lors de la guerre de 1870 et leurs propres pères étaient trop jeunes. Une défaite aussi cuisante et rapide ne faisait pas rêver. Quant à la Commune de Paris, en 1871, elle avait donné naissance à des héros mais seulement dans la capitale. Les poilus n'ont donc pas avant eux une génération qui les écrase de leur triomphe militaire. La voie est libre pour dépasser les pères et assouvir ce désir de revanche à l'égard des Prussiens. Leur scolarité a été bercée par cette fameuse injonction : célébrer la patrie et se préparer à reprendre l'Alsace et la Lorraine. Certes, la propagande patriotique n'aura qu'un temps, mais à l'été 1914 l'enthousiasme des appelés et de la population n'est pas une légende. Les témoignages ne manquent pas. On croyait que la guerre serait encore plus courte que celle de 1870 et même si la France était militairement moins bien préparée, on ne doutait pas d'une victoire rapide et glorieuse.

« Ils auront fait mieux qu'en 70 et la fameuse nouvelle génération que l'on a tant déblatérée aura prouvé qu'elle était au moins à la hauteur des précédentes », écrit Céline à sa famille, au début du conflit. Consciemment ou pas, les jeunes gens ont ainsi la satisfaction de pouvoir faire mieux que leurs aïeux. Désir de gloire et patriotisme les animent. Le rapprochement que font alors plusieurs écrivains avec l'épopée napoléonienne et Jeanne d'Arc résume bien l'état d'esprit de l'opinion mais aussi de nombreux intellectuels.

La Belle Époque offre certes bien des promesses. Les premiers avions survolant Paris, les voitures, le téléphone et tant d'autres progrès techniques, sans parler des évolutions sociales, laissent espérer des lendemains enchantés. Mais les photos à la Jacques-Henri Lartigue, reflétant le bonheur de vivre, ne peuvent cacher les tensions internationales, notamment les rivalités entre la France et l'Allemagne dans leur expansion coloniale, qui a déjà failli entraîner un conflit en 1905 avec la crise de Tanger et en 1911 lors du coup d'Agadir. La Belle Époque est une bombe à retardement. Quelques auteurs, à l'aube des années 1910, prédisent dans leurs lettres une guerre prochaine.

Pour les écrivains, cet héroïsme guerrier, si loin de leur bureau, est une façon d'être à la hauteur de leurs aspirations profondes qui se sont déjà révélées plus ou moins dans l'œuvre, parfois indirectement ou en forme d'antithèse à travers des personnages de roman. Jean Dézert, figure ordinaire du petit fonctionnaire, fait écho à l'adolescent puis jeune instituteur François Seurel du *Grand Meaulnes* et à l'employé Louis Salavin de Georges Duhamel. François Seurel rêve seulement des aventures que Meaulnes et Frantz de Galais osent vivre. Seurel a la stabilité morale d'une femme. Il envie ces deux héros tout en les désapprouvant sur certains points : Meaulnes ne sacrifie-t-il pas sa jeune épouse à ses chimères et à sa soif d'absolu ? On imagine qu'il aurait été l'un des premiers à se présenter dans sa caserne en août 1914.

Symbolique aussi : au printemps 1914, Georges Duhamel commence le premier volume de *Vie et aventures de Salavin*, intitulé *Confession de minuit*, dont le ton n'est pas sans évoquer *Les dimanches de Jean Dézert*. Louis Salavin est un employé de bureau qui n'a rien d'extraordinaire. Pour lui, une « destinée » est « une place étroite » « entre l'évier et le buffet de bois blanc » de la cuisine de l'appartement qu'il occupe avec sa mère. Dans le premier chapitre, écrit avant la guerre, Salavin touche l'oreille de son patron, pris d'une sorte de pulsion absurde devant ce petit morceau de chair. Il est renvoyé sur-le-champ. Pendant quatre ans, Duhamel observera bien des morceaux de chair, mais en lambeaux, marqués à jamais du sceau de la guerre.

L'enthousiasme des hommes lors de la mobilisation rime aussi avec un certain égoïsme. Leur exaltation leur fait oublier les peurs, la leur et celle de leurs proches, et leur donne l'illusion de dominer la vie. Être un héros, c'est souvent faire passer au second plan des affections intimes, parfois sans autre raison que faire preuve de bravoure. Comme l'écrit Corneille dans *Suréna* : « La tendresse n'est point la vertu des héros. »

Mais, dès la fin de l'année 1914, alors que l'on passe d'une guerre de mouvement à une guerre de position, l'héroïsme consiste avant tout à rester maître de ses nerfs. Quelques instants d'action pour des heures d'attente, sous une menace invisible, avec comme cadre un trou souvent boueux dans lequel on ne peut rester debout sans risque. Pour ces poilus, déracinés de leur quotidien modeste et noyés dans la masse, l'héroïsme permet d'accéder par l'action à une part de grandeur et d'immortalité. Plusieurs écrivains évoquent ainsi ces soldats qui ne cachent pas leur peur, maudissant ce conflit lors du repos et qui, dans un moment de danger, font preuve d'un courage olympien, comme détaché d'eux-mêmes pour s'élever au rang de héros mythique. L'héroïsme, c'est être un autre que l'on ne soupçonnait pas exister en soi. Cendrars, comme la plupart des écrivains, explique bien que ses compagnons se montrent différents dans l'action et au repos ou lorsqu'ils racontent leur vie civile. Ces héros peuvent se faire une montagne d'un détail ou d'un désagrément et, peu après, essuyer le feu sans faiblir.

La guerre rend la vie plus intense, mobilise des énergies inconnues. Elle rend la bravoure accessible à n'importe qui avec une sorte d'insouciance sublime. Minutes, secondes durant lesquelles les balles pleuvent mais où l'on oublie qu'elles peuvent nous atteindre. Comme si affronter le danger sans y penser permettait de mieux le défier, de se sentir exister et parfois même de détourner la mort. Quelques heures avant d'être fait prisonnier, le 24 août 1914, Jacques Rivière note dans son carnet : « La réalité du risque m'exalte en ce moment aussi fort que lorsqu'il n'était qu'une idée. [...] Impression d'une parfaite liberté, d'une légèreté délicieuse. »

Malgré cet enivrement, tous, hélas, n'échappèrent pas à la mort mais au moins leurs derniers instants furent-ils glorieux. L'héroïsme désiré apparaît ainsi comme une réponse à une forme de mal du siècle, de malaise existentiel. Plus largement, il reflète l'état d'âme de certains jeunes gens engagés aspirant à oublier ce qu'Alain-Fournier expérimente notamment au service militaire : « la dure vie basse ».

Ennui et désenchantement

L'ennui et le désenchantement peuvent paraître en opposition avec l'héroïsme. En réalité, ils lui sont intimement liés, ils représentent les moments d'inaction, d'attente ou de déception qui rendent ensuite l'acte héroïque d'autant plus remarquable. Le héros veut toujours davantage d'actions éclatantes. Quand la réalité l'en empêche, il maudit le destin et peut sombrer dans la mélancolie. Si son rêve est brisé, il perd le sentiment d'exister : « L'ennui nous écrasait. […] Les obus marquaient le temps », écrit Cendrars dans *La main coupée*.

Attendre est l'activité principale des poilus même si, au fil des mois, ils s'inventent diverses occupations pour se distraire. Ceux qui sont habiles de leurs mains fabriquent des objets avec du bois, du métal récupéré avec les projectiles et autres matériaux disponibles, donnant naissance à tout un artisanat des tranchées. D'autres lisent, jouent aux cartes… Malgré tout, l'inconfort, la saleté et autres plaies n'aident pas à adoucir ces longues heures faites d'inaction et d'incertitude. Apollinaire explique qu'il grossit, faute de faire de l'exercice, et souligne que le plus difficile est finalement de supporter de ne rien faire. Il écrit néanmoins un grand nombre de poèmes et de lettres, contrairement à beaucoup d'auteurs engagés qui, accablés de lassitude, ne trouvent même pas dans l'écriture une occupation suffisante.

Cette plainte peut sembler bien curieuse et excessive... ne vaut-il pas mieux ne rien faire dans une tranchée que d'essuyer le feu ? Hélas, l'ennui laisse le loisir de penser et d'avoir peur et le calme qui règne n'est pas une assurance d'être en sécurité. Une attaque, un bombardement peuvent se produire sans crier gare. Un ordre peut être donné d'un moment à l'autre. Ce contexte rend l'ennui pesant comme du plomb et angoissant. Les soldats en viennent à souhaiter d'aller au feu, ils se sentent alors au moins utiles et vivants.

Une quinzaine de jours avant d'être tué, Jean de La Ville se plaint à sa mère de « cette guerre lente et sans musique ». Il exprime tout son côté paradoxal : elle ne « ressemble guère aux gravures des calendriers non plus qu'au tableau de feu M. Detaille. Elle est triste et ennuyeuse à mourir, d'une platitude désespérante — jusqu'au moment où la grosse artillerie s'en mêle et alors cela devient infernal au vrai sens du mot, avec de la fumée, du feu et toutes sortes de hurlements ».

Dorgelès est l'un de ceux qui expriment le plus clairement son envie d'agir, en dépit du danger : « Quand recevrons-nous l'ordre de foncer ? Cette vie de tranchée est terriblement lassante », se plaint-il à Mado, la femme aimée. Au fil des mois, les soldats finissent par ne plus savoir ce qu'ils attendent, et la monotonie n'est que plus grande et avec elle le sentiment d'amertume et d'absurde. Dorgelès, qui avait été réformé pour raisons de santé, s'adresse à Clemenceau, qui dirige le quotidien *L'Homme libre*, auquel il collabore, pour être enrôlé dès août 1914. Il part alors à Rouen et découvre la vie de caserne. Il ignore tout de l'armée. Le changement avec son Montmartre intellectuel et artistique est rude. Après plus de six mois au front sans aucune permission, il ne veut plus revenir dans les tranchées. Il écrit à Jacques Mortane, écrivain et journaliste sportif influent, afin d'être affecté à l'aviation. Il préfère mourir à bord d'un avion plûtot que dans un trou infect et boueux. Ne rien faire et être au milieu d'une foule de poilus, d'excellents camarades certes mais aussi tellement loin de son monde, est pire que d'être menacé de mourir. Il a soif d'« une vie ardente, passionnante ». Il aura un grave accident d'avion, suite à une panne de moteur, et deviendra par la suite instructeur tout en écrivant *Les croix de bois* qui parurent en 1919.

Quatre mois avant d'être tué, Louis Pergaud,

l'auteur de *La guerre des boutons*, ne cache pas à son épouse combien les moments de repos sont pires qu'être en première ligne parce qu'ils se passent en « jours de perpétuelle tracasserie ». Il ajoute : « Ici, dans la souffrance qui fait tomber les masques, je vois le bas-fond de l'âme humaine et la lie, et la vase et la merde. Combien peu, officiers comme soldats, peuvent se vanter d'être des hommes, des hommes ! »

Le sous-lieutenant Pergaud est mort le 8 avril 1915 en Lorraine. Il est possible que, blessé lors d'une attaque, il ait été fait prisonnier par les Allemands et hospitalisé à Fresnes-en-Woëvre mais l'hôpital de fortune fut bombardé par l'armée française le jour même. Il fut déclaré disparu et son corps ne fut jamais retrouvé.

En 1802, l'héroïsme consistait à partir à l'attaque sur un beau cheval, épée à la main. En 1914, l'héroïsme est de supporter une vie à la fois immobile et dangereuse. Supporter ce sentiment de néant qui naît du spectacle terrible de cette nature ravagée et ponctuée de barbelés, de ces couloirs de terre dans lesquels on peut à peine se mouvoir et qui pourraient bien devenir sa propre tombe. Survivre sans avoir l'action constante qui divertit, qui valorise, qui constitue un but.

Rétrospectivement, cette longue guerre de position, le caractère insensé de cet acharnement de part et d'autre nous saute aux yeux et nous semble inexplicable. Mais une situation qui s'enlise est d'autant plus difficile à modifier quand l'honneur de deux nations est en jeu. Si l'ardeur patriotique s'atténue vite chez les soldats, ceux qui détiennent le pouvoir ne veulent pas céder. Les victoires se résument à gagner quelques dizaines de mètres de terrain... au prix de centaines, voire de milliers de morts à chaque fois.

L'une des façons de rompre l'ennui est d'écrire à ses proches, en entretenant l'illusion de vivre encore l'existence d'hier, qui ne reviendra pourtant plus. Cendrars se moque gentiment de ses compagnons « qui comme des poux n'arrêt[ent] pas de pondre, de pondre ». Écrire occupe, réconforte le poilu mais aussi l'arrière qui, certes, continue à vivre à peu près normalement (voire à s'amuser) mais aussi à s'inquiéter, s'imaginer le pire à chaque instant, à peine rassuré lorsqu'une lettre arrive des premières lignes puisque plusieurs jours se sont écoulés depuis la rédaction du courrier. Les lettres sont peut-être la part d'humanité qui résiste à l'effroyable, et combien de soldats ont été ensevelis lors d'un bombardement avec dans la poche quelques lettres tendres et pleines d'espoir, malgré tout !

Cet ennui est souvent la première étape vers le désenchantement : « Les marches et les contre-marches à la frontière belge m'avaient écœuré, écrit Drieu la Rochelle dans *La comédie de Charleroi*. Cet écœurement, par-dessus un lot d'ennuis personnels et par-dessus la mélancolie éternelle, m'avait amené près du suicide... J'avais plus senti l'ennui que la fatigue. J'étais séparé de mes habituels amis bourgeois, dispersés dans les autres compagnies. La souffrance partagée ne m'avait pas encore obligé à frayer avec les paysans et les ouvriers, et aussi à découvrir les vrais chefs... » L'idée du suicide sur le front peut paraître choquante : tant d'hommes meurent courageusement au combat, sans le chercher, et un jeune homme, petit-bourgeois mélancolique, mettrait fin à ses jours au lieu de donner sa vie pour la France ? Mais à vingt et un ans, Drieu est déjà l'homme qu'il sera toute sa vie, jusqu'à son suicide : un homme hanté par la mort, que tout déçoit et d'abord lui-même. Il porte le désenchantement sur les lèvres. « Un beau matin dans une grange où la touffeur du foin entrait en moi comme une grande fermentation chaude... J'étais seul dans cette grange. Les autres étaient en train de laver leur chemise à la rivière... Je n'avais rien eu de la vie et je me demandais si j'aurais grand-chose de l'agonie : je ne comptais plus guère sur la gloire... Soudain je ne pouvais concevoir aucun attrait à rien, à aucun geste. Une seule chose me séduisait, ce petit trou noir de mon fusil, ce petit œil crevé qui me regardait, la ronde paupière d'acier du rien. Une peur atroce commençait à m'enlacer... Je retirai ma chaussure, ma chaussette. Je tâtai ce fusil, cet étrange

Ennui et désenchantement

compagnon à l'œil crevé, dont l'amitié n'attendait qu'une caresse pour me brûler jusqu'à l'âme... »

Lors de ces marches, Drieu est victime d'hallucinations et d'angoisses existentielles. Il les évoque, témoignant pour ces soldats nerveusement fragiles comme lui et trop vite accusés de faiblesse. Peut-être plus encore que les autres, il a rêvé d'héroïsme, il a voulu se battre pour échapper au dégoût que sa personne lui inspire. Au front, il a alterné entre courage inconscient et lâcheté. La guerre n'est pour lui qu'une succession de gloires avortées. Blessé en août 1914 lors des affrontements de Charleroi, il revient au front le 20 octobre. Il a déjà compris que la guerre n'est qu'une boucherie. Il sera à nouveau blessé à Hermonville, près de Reims, le 29 octobre.

Drieu retourne au combat en février 1915, mais sans plus aucune allégresse. Il se porte alors volontaire pour une expédition en Turquie où se déroulera la bataille des Dardanelles. Il part en mai 1915, certain de mourir sous une balle turque. Il le désire. Il commence à s'alcooliser régulièrement pour oublier ses visions morbides, nées aussi bien de son état dépressif que du spectacle terrible du front. Il séjourne d'abord un mois à Lemnos, île grecque qui ressemble à un désert aride où l'on rassemble blessés et soldats victimes d'infections. Fin juin, il gagne les tranchées de la presqu'île de Gallipoli. Comme les autres, il souffre de la chaleur et de douleurs intestinales à cause du manque d'hygiène. Faute de combattre directement, il se sent inutile et se perçoit comme un embusqué... Dans l'enfer de la tranchée d'Achi-Baba, il continue à se dénigrer et son évacuation pour cause de grave dysenterie ne contribue pas à le magnifier. Il n'est guère resté plus longtemps que Giraudoux, blessé deux fois lors des premières attaques sérieuses aux Dardanelles. Drieu la Rochelle revient à Verdun en 1916 puis en 1918, chaque fois pour un mois, entre deux blessures, quelques tentatives pour ne pas y retourner, moins par peur que par une lassitude extrême. Ni la mort, ni la vie, ni l'héroïsme ne veulent de lui.

Il consacrera six textes à sa « drôle de guerre » rassemblés sous le titre *La comédie de Charleroi*. Le mot comédie est lourd de sens. Il commence ces nouvelles autobiographiques en 1933. Ironie de l'Histoire et de son histoire : Hitler accède alors à la Chancellerie. La Seconde Guerre mondiale se profile. À ressasser son piètre destin comme poilu, Drieu la Rochelle n'en sera que plus tenté d'aller du côté des vainqueurs du jour même si, au fond de lui, il sait qu'il se perd à nouveau et cette fois définitivement. Certes, le désenchantement de Drieu, suicidaire et alcoolique, est un cas extrême, mais il met des mots sur un malaise profond qui contribua à rendre cette guerre encore plus éprouvante moralement pour bien des soldats. Drieu la Rochelle ne cherche pas à dissimuler sa faiblesse. Il assume le feu follet, l'anti-héros qui est en lui. Il exprime au contraire avec force son amertume, ses idées mélancoliques et sa lâcheté. Mais il n'a rien d'un cas isolé. Quantité de poilus ont déploré notamment ces marches épuisantes, souvent inutiles et si peu héroïques où le risque principal est de tomber sous le coup d'une balle perdue ou d'une grenade. Par hasard : hasard d'une balle qui plonge en plein cœur ou dans la tête au lieu de ricocher contre un bouton de capote ou le casque. Anonymement. Sans affrontement avec l'ennemi. Ce quotidien à la fois morne, sale et périlleux, Drieu en souffre peut-être davantage que d'autres du fait de son psychisme, mais il révèle un autre aspect de la Grande Guerre : combien de soldats ont eu l'impression de n'être que des pions que l'état-major déplace sans stratégie ? Être noyés dans la masse est la négation même de leur courage de tous les instants. Les citations à l'ordre du jour, traces écrites d'un acte héroïque, furent imaginées pour soutenir le moral des troupes. Elles furent vite accompagnées de récompenses plus palpables : les médailles militaires et les croix de guerre. Encore fallait-il avoir eu l'occasion de se distinguer, d'être vaillant. Le héros a besoin de reconnaissance.

En dehors de ceux qui sont tombés dès le début des hostilités, il n'y a pour ainsi dire aucun écrivain qui n'ait exprimé sa désillusion.

Cendrars ne retient des batailles qu'« une image

de pagaïe. Je me demande où les types vont chercher ça quand ils racontent qu'ils ont vécu des heures historiques ou sublimes. Sur place et dans le feu de l'action on ne s'en rend pas compte [...]. L'heure presse. C'est à la minute. *Va comme je te pousse.* Où est l'art militaire là-dedans ? ».

Maurice Genevoix, âgé de vingt-quatre ans en 1914, est vite déçu aussi. Il voit ses camarades et lui comme des « survivants humiliés ». Drieu la Rochelle va plus loin encore, assimilant les Français mobilisés d'août 1914 à « un bétail le plus héroïquement passif qu'ait jamais eu à prendre en compte l'Histoire qui brasse les troupeaux ». Le jeune désabusé se voit comme un « veau marqué entre dix millions de veaux et de bœufs ». On ne saurait aller plus loin dans l'image dégradée du héros. Dégradation qui, paradoxalement, rend le courage de ces civils anonymes encore plus noble à mes yeux.

En 1914, il n'y a pas de chefs énergiques et flamboyants mais seulement quelques vieux maréchaux comme Joffre (soixante-deux ans), Foch (soixante-trois ans), Gallieni (soixante-cinq ans) ou Pétain (cinquante-huit ans) qui sont certes de bons stratèges et jouent un rôle lors de batailles importantes, mais sans être des figures exaltantes. Pour Pétain, son indignité lors de la Seconde Guerre mondiale occultera même son étiquette de « lion de Verdun ». Depuis les premières années du XXe siècle, la France se préparait à une guerre avec la Prusse mais comptant sur la force de son patriotisme, elle ne songea pas à rajeunir l'état-major et à s'organiser de façon rationnelle. Le pantalon garance qui faisait des soldats des cibles si parfaites est une aberration parmi d'autres. Le service militaire de deux puis trois ans est une suite de manœuvres et d'exercices dont un Alain-Fournier ou un Jacques Rivière, notamment, pointent défauts et inutilités.

Les héros de la Première Guerre mondiale, ce ne sont plus les Kléber, Marceau, Ney ou Murat d'hier, mais une masse de poilus sans identité.

Les écrivains de la Grande Guerre rejoignent les romantiques dans leurs aspirations mais croient d'abord pouvoir les concrétiser. Ils rêvent de prendre une revanche après la défaite de Napoléon III, en renouant avec l'éclat de Napoléon Ier et le patriotisme de Jeanne d'Arc. L'illusion est de courte durée. Rapidement, les tranchées, les bombardements aériens et l'utilisation de gaz rendent les affrontements distants et laids.

Dorgelès avoue à sa mère, le 19 juin 1915, après plus de six mois de front : « Non, non, je n'étais pas fait pour cette guerre-là. Je me vois très bien en chevau-léger, en garde française, en mousquetaire gris... mais en poilu casqué et masqué ! si j'osais, je dirais que notre siècle a une sale g... » L'histoire de l'uniforme peut paraître accessoire, mais elle révèle la nature de ce conflit. L'habit fait aussi la guerre. Aujourd'hui en visitant le musée de l'Armée des Invalides on saisit bien le basculement entre le XIXe et le XXe siècle. Basculement entre une guerre presque raffinée, civilisée avec des hussards empanachés, des soldats au pantalon blanc immaculé et le XXe siècle, avec un uniforme bleu horizon délavé toujours taché de boue et ces masques à gaz qui transforment les poilus en sorte d'extraterrestres pitoyables.

Georges Bernanos appartient au sixième régiment de dragons. La cavalerie était l'élite de l'armée, elle va prendre pendant ces quatre ans l'allure d'une pièce de musée. On a beau remplacer les armes blanches par des mitrailleuses, les chevaux sont plus élégants qu'utiles face à des chars. Les lettres de Bernanos à sa fiancée puis épouse, Jeanne Talbert d'Arc, peut-être lointaine descendante d'un frère de Jeanne d'Arc, ont un ton suranné. L'amour presque courtois se mêle dans ses lettres à un rêve de guerre chevaleresque qui se transforme peu à peu en désillusion. Longtemps, pourtant, Bernanos croit que son heure d'héroïsme va venir. Il s'émerveille de la beauté de son régiment de dragons. « C'était un beau spectacle, ce matin, que nos régiments innombrables sous un clair soleil. Que de casques et de crinières, et quelle forêt de lances ! je sais bien que c'est pure illusion mais en mon âme cavalière il me semble que Berlin est à un temps de galop. »

Ennui et désenchantement

De février 1915 jusqu'à l'armistice, Bernanos ne fera qu'attendre avec son cheval appelé Haricot, guettant l'assaut victorieux auquel la cavalerie doit participer. « Nous faisons des lieues et des lieues en vain. Avant-hier nous avons attendu toute la journée, dans un bois, l'ordre de passer, puis nous ne sommes point passés... Mais quelle canonnade ! C'est beaucoup de bruit pour rien », écrit-il le 20 juin 1915 à sa fiancée. Un an plus tard, il ne s'est toujours rien passé pour lui et son régiment. « *Ils* reculent chaque fois la date fixée. » Certes, Bernanos est fier : il ne fait pas partie de ces « obscurs régiments d'infanterie, à des régiments sans gloire ! » mais il n'atteindra pas davantage l'héroïsme, puisque l'heure de l'attaque ne viendra jamais. Bernanos ressemble au lieutenant Giovanni Drogo du *Désert des Tartares* et sa guerre se passe en « mille exils sans gloire » à cheval à contempler généralement d'assez loin les kilomètres de tranchées. Il éprouve ainsi la même amertume que les soldats d'infanterie et perd peu à peu tout son idéal patriotique : « Je ne sais ce que je défends ni ce pourquoi je puis mourir. » Patriote, grand admirateur de Péguy, Bernanos rêvait de risquer sa vie. La guerre s'est résumée pour lui à redouter d'être bêtement touché d'une balle perdue ou victime d'une maladresse. Certains de ses camarades se blessèrent en tombant de cheval sur le sol gelé. Au début de l'année 1917, il prit des cours de pilotage, fréquentant peut-être

Dorgelès qui était instructeur depuis son grave accident. Mais Bernanos fut vite renvoyé dans la cavalerie parce que sa vue était insuffisante.

Céline connut une expérience chez les cuirassiers assez similaire à celle de Bernanos : la même impression d'être désuet, inutile, anti-héroïque au possible avec sa cuirasse lourde et encombrante. Il part dès août 1914. Il a vingt ans et combat comme maréchal des logis. Il sera démobilisé en janvier 1915, après avoir été blessé à l'épaule à Poelkapelle en Belgique, alors qu'il menait une action dangereuse comme agent de liaison, ce qui lui valut la croix de guerre et la médaille militaire. *Voyage au bout de la nuit* s'ouvre sur la Grande Guerre, avec un tableau saisissant de ce qu'il qualifie d'« abattoir ». Son expérience a eu beau être courte, seulement trois mois au front, il a eu le temps de percevoir lui-même le vrai visage de ce conflit. Les cadavres, les chairs broyées, les ventres ouverts et se vidant seront des images apocalyptiques qu'il répétera dans plusieurs de ses livres. Le personnage principal du *Voyage*, Ferdinand Bardamu, pacifiste, manque aussi de courage et s'arrange pour se faire interner dans un asile. Rien de bien glorieux, certes, mais aux yeux de Bardamu c'est tout ce que mérite ce conflit. Céline restera obsédé par ces atrocités et en gardera des séquelles physiques. Cependant je me demande bien pourquoi l'inhumanité des camps de concentration ne l'a pas révolté. Le sort fait aux Juifs n'était-il pas pire puisqu'ils n'avaient rien pour se défendre ? Ce n'est pas un pacifisme d'ancien combattant qu'il affiche à l'aube des années 1930, mais un racisme qui lui fait déclarer que les Juifs sont responsables de cette nouvelle guerre qu'il devine proche. Sa conduite héroïque en octobre 1914 et ses trouvailles stylistiques de romancier ne sauraient le dédouaner des écrits et déclarations antisémites faits en conscience par la suite.

Le héros guerrier a besoin d'être devant son ennemi en chair et en os pour mener une action éclatante. L'héroïsme a besoin de l'humain. Or « on ne voit l'ennemi que sous forme de cadavres, de blessés ou de prisonniers », écrit Jean de La Ville à sa mère dès le 26 octobre 1914, alors qu'il vient d'arriver en première ligne.

La technique remplace l'humain. Les soldats sont des masses sans visage, donc sans âme. Apollinaire écrit ainsi à Madeleine : « Chose singulière, depuis que je suis sur le front, je n'ai jamais été plus loin de l'ennemi qu'à environ 2 km ½, leurs fusils portant à plus de 3 000 m et leurs canons… et n'est-ce pas un paradoxe que je n'aie jamais vu encore un de ces êtres dont je connais tous les projectiles, les gros et les petits. Je ne me figure donc plus les Boches que sous les espèces des craquements d'allumettes des coups de fusil, des éclatements d'obus, des fusées de cuivre ou d'aluminium et des cartouches dont nos poilus font des porte-plume. »

Guetter un Allemand pour le faire prisonnier prend, chez Cendrars, la forme d'une sorte de récréation. Si la scène rapportée par l'écrivain ne nous paraît pas terriblement tragique, c'est bien parce qu'il n'y a pas de mort mais aussi parce que nous sommes en présence d'hommes et non de machines à tuer.

Face aux affrontements anonymes de la Première Guerre mondiale, le sort de Fabrice del Dongo paraît plus enviable. Certes il n'est qu'un spectateur de Waterloo, il passe à côté de la bataille, mais au moins sa guerre est restée belle. En 1914, non seulement le soldat ne peut faire face à son ennemi mais en plus il se tient rarement debout dans une position active et puissante. Drieu la Rochelle résume un sentiment partagé par beaucoup d'écrivains et certainement bon nombre de soldats : « La guerre aujourd'hui, c'est d'être couché, vautré, aplati. [...] La guerre d'aujourd'hui, ce sont toutes les postures de la honte. [...] L'homme moderne, l'homme des cités est rongé de rêves du passé. » Giono parle de « l'étrange sensation » éprouvée « à se tenir debout ».

Enfin, il me semble que le désenchantement ne vient pas seulement de la dégradation de la guerre, de l'héroïsme actif à un conflit immobile et meurtrier. Il naît également de l'absence de spirituel : non seulement il n'y a plus de grandeur humaine à se battre puisque les belligérants sont privés de visages mais en plus Dieu, qui aurait pu donner du sens, paraît avoir déserté nos cieux. Cendrars consacre un très beau chapitre de *La main coupée* à ce manque de soutien spirituel : « Dieu est absent des champs de bataille et les morts du début de la guerre, ces pauvres petits pioupious en pantalon rouge garance oubliés dans l'herbe, faisaient des taches aussi nombreuses mais pas plus importantes que des bouses de vache dans un pré. C'était pitoyable à voir. »

L'héroïsme, n'est-ce pas dès lors garder autant que possible la tête haute, manifester une forme de résistance à la désillusion, un acharnement à exister ?

SECONDE PARTIE

Trois morts au champ d'honneur

Toutes proportions gardées, les premiers morts au champ d'honneur, comme Péguy, ont eu de la chance. Ils sont partis avec leur idéalisme et leur enthousiasme intacts. Ils n'ont pas eu le temps de comprendre que ce conflit ressemblerait à un effroyable piétinement de quatre ans et serait une boucherie sans nom. C'est pour les survivants que l'épreuve est pénible. Certes, à l'instant de mourir, ils ont pensé à leurs proches, mais leur héroïsme n'a pas rendu ces secondes tristes, du moins, je l'imagine. Péguy a été au bout de ses idées. Jean de La Ville de Mirmont a assouvi son désir d'extraordinaire. Alain-Fournier a enfin caressé cet absolu auquel il aspirait et qu'il avait longtemps cherché dans l'amour. Tous les trois n'ont pas eu le temps de voir s'abîmer leur juste et belle guerre. Ils avaient la certitude que la honte de 1870 allait être lavée en quelques semaines. Même Jean de La Ville de Mirmont, le dernier, mort le 28 novembre 1914, pouvait encore se bercer de quelques illusions, lui qui déclarait à sa mère, le 6 août : « Notre cause est celle de toute la civilisation. » S'il pensait que ce serait « la dernière grande guerre — et la plus terrible — de l'époque moderne », il annonçait, non sans un certain fatalisme, qu'il y en aurait d'autres « aussi nécessaires, aussi inévitables — l'éternelle lutte des barbares de l'Orient contre les civilisés de l'Occident ». En attendant bien d'autres formes de guerre, en effet, c'était entre peuples civilisés d'Occident que l'on s'entre-tuait...

Ne faut-il pas avoir atteint un degré élevé d'horreur pour juger bienheureux les premiers tués ? Ils ont échappé aux souffrances de mois, voire d'années de front et aux cruelles désillusions. Louis Pergaud n'a déjà plus eu cette *chance*, tombé au milieu des barbelés sillonnant la vallée de la Woëvre en avril 1915. Même Péguy, en dépit de son patriotisme, n'aurait-il pas fini par juger que la France ne méritait pas tant de sacrifices humains ? Toute sa vie morale en aurait été bouleversée. « Mieux vaut finir dans le sang que dans la boue. Je suis heureux de partir, si je suis tué, il ne faudra pas pleurer, mais se souvenir de moi, vivant et actif », déclare le lieutenant Péguy au moment de la mobilisation. Il est mort debout, sans essuyer la boue des tranchées. Il est mort une épée à la main, dans un joli pantalon garance. En décalage complet avec la guerre moderne qui allait se dérouler et où l'ennemi ne devait être plus qu'un viseur de mitrailleuse.

Au-delà de leur courage physique, l'héroïsme des écrivains dont j'ai choisi de parler plus en détail me semble avoir une origine morale ou métaphysique. Chez Péguy, il est une façon d'incarner ses convictions, il est d'ordre moral et politique. Chez Alain-Fournier et Jean de La Ville de Mirmont, l'héroïsme est existentiel : il vient combler un vide qui les a hantés durant leur courte vie.

CHARLES PÉGUY

> *Tout ce qu'il avait écrit, il partait le vivre.*
>
> CHARLES LOUIS DE PESLOUAN,
> cousin de Maurice Barrès.

Le lieutenant Charles Péguy a été tué le 5 septembre 1914. Âgé de quarante et un ans, il appartenait à la 19ᵉ compagnie du 276ᵉ RI. Un mois après le début des hostilités, les Allemands, ayant envahi la Belgique, menaçaient Paris. La 19ᵉ compagnie, par son avancée victorieuse, en ce chaud après-midi de septembre, contribua à faire reculer les Allemands d'une dizaine de kilomètres et permit la victoire devant le petit village de Villeroy, en Seine-et-Marne. Le capitaine Guérin tomba le premier. Péguy prit alors le commandement. Il appela ses hommes à se coucher mais lui resta debout afin de pouvoir suivre les opérations. « Glorieux fou dans sa bravoure, sourd à nos appels de prudence, agacé, énervé de cette lutte inégale dont il voit et comprend mieux que nous le danger », écrit Victor Boudon, soldat de la 19e compagnie. Certes, la victoire fut au bout mais l'attaque s'avéra trop meurtrière pour le résultat, comme tant d'autres assauts au cours de ces quatre années.

Charles Péguy est le premier des écrivains français morts au champ d'honneur. Il est certainement aussi celui qui correspond le mieux à l'image du héros et dont la mort est le plus en harmonie avec ses engagements et son œuvre. Il n'est pas allé à l'avant pour se suicider comme on l'a parfois écrit, n'a pas donné des ordres inconsidérés à ses hommes pour les entraîner dans son élan. Durant cette attaque, il s'est comporté en patriote, sans faiblir, sans craindre la mort. Mourir en accomplissant son devoir était le plus beau cadeau que la vie pouvait lui faire.

Avant de revêtir son habit de lieutenant, Péguy avait pris soin de dire adieu à tous ses amis et s'était réconcilié avec ceux avec lesquels il était brouillé afin de les quitter « les mains pures ». Il part le 4 août avec trois mille réservistes pour Coulommiers. 4 août, un jour anniversaire qui devait faire chaud au cœur de ce républicain ! Il rêve de marcher sur les traces de ces Français de Valmy, en 1792. Il rêve de mourir utilement pour sa patrie, à la façon d'une délivrance, dira son amie Geneviève Favre. En effet, Péguy voyait depuis des années ses idéaux balayés, ses ennemis se multiplier et ses *Cahiers de la quinzaine* en péril pour des questions financières. La guerre ne va-t-elle pas redonner honneur et pureté à son pays pour de bon ? La Der des Ders… tellement nécessaire, pense-t-il. Les défenseurs de Dreyfus, dont il faisait partie, avaient été à ses yeux des héros combattant pour une certaine idée de la France. La lutte devait reprendre sous forme d'une guerre ou d'une révolution. Depuis des années, Péguy attendait la guerre. Il l'idéalise et n'a aucun doute sur sa légitimité. C'est un patriote mystique : « Heureux ceux qui sont morts pour la terre charnelle,/ Mais pourvu que ce fût dans une juste guerre. […]/ Heureux ceux qui sont morts dans les grandes batailles,/ Couchés dessus le sol à la face de Dieu […]/ Heureux les épis mûrs et les blés moissonnés. » Ces vers, extraits d'*Ève*, paru en 1914, étaient un appel que Péguy adressait au destin afin qu'il fasse partie de ces « heureux ». Son Dieu l'a entendu.

En 1912 et 1913, Péguy avait effectué deux pèlerinages à Chartres à pied. Il avait ainsi prouvé son endurance. Il tint donc bon lorsqu'il dut rester debout des journées entières sous la chaleur écrasante de l'été 1914.

Ces deux marches vers Chartres et celles d'août 1914 ne le mènent-elles pas à une forme de sainteté ? Comme les saints, Péguy a eu son hagiographe, qui a consigné le dernier mois de sa vie, le plus beau de son existence. Non pas un intellectuel qui aurait pu trahir la réalité mais un modeste soldat, Victor Boudon. Dans son livre publié d'abord en 1916 sous le titre *Avec Charles Péguy, de la Lorraine à la Marne*, il cite certaines des lettres et des écrits de Péguy, retranscrit l'atmosphère de ces journées glorieuses malgré l'attaque allemande qui menaçait les portes de Paris. Victor Boudon est à la fois réaliste et admiratif quand il parle de son cher lieutenant. Son témoignage n'est pas un panégyrique mais un récit simple et précis, où Péguy apparaît tel qu'il a été décrit par d'autres contemporains. C'est un lieutenant bon avec ses hommes, sachant les encourager mais aussi s'en faire obéir. Celui qui est surnommé affectueusement « le pion » ne fait pas preuve d'autorité pour s'imposer mais dans un souci d'ordre. À ses yeux, il est l'égal de ces paysans, ouvriers, employés, il se sent soldat de deuxième classe, ajoutant que tout autre grade « le dénature ». Existe-t-il un écrivain aussi tenace que Péguy dans ses convictions, et ce sans avoir à faire d'effort ou de sacrifice pour y être fidèle tant il est ainsi naturellement, absolu et plein d'assurance ? Les certitudes de Péguy se reflètent d'ailleurs dans son style puissant, sous forme de litanies se développant et s'amplifiant.

Comme l'a dit Romain Rolland dans son hommage, « sa vie d'âpre héroïsme […] fut vouée tout entière » à la France. Une France glorieuse qui peut fléchir mais ne tombe pas. Un digne héritier de Jeanne d'Arc. Aujourd'hui ce patriotisme teinté de catholicisme fait passer Péguy pour ce qu'il n'était pas. On le lit mal. Sans doute l'avait-il deviné lorsqu'il évoquait avec ironie, dans *Notre jeunesse*, ce monde moderne auquel il n'appartiendrait pas, lui « survivant » de « ces âges préhistoriques ».

Maurice Barrès écrivit dans *L'Écho de Paris* du 17 septembre 1914 : « Son sacrifice multiplie la valeur de son œuvre. Il célébrait la grandeur morale, l'abnégation, l'exaltation de l'âme. Il lui a été donné de prouver en une minute la vérité de son œuvre. Le voilà sacré. Ce mort est un guide, ce mort continuera plus que jamais d'agir, ce mort plus qu'aucun est aujourd'hui vivant. » Il n'est pas trop tard pour lui donner raison. Charles Péguy était un homme souvent intransigeant mais dont les paroles étaient portées par un idéal humaniste admirable. Idéalisme invivable dans les faits mais qui révèle un courage intellectuel et moral rare. Charles Péguy est exemplaire.

ALAIN-FOURNIER

> *La guerre. Le grand jeu, le grand jeu de la mort.*
>
> ALAIN-FOURNIER
> au peintre André Lhote, août 1911.

Une grande partie du destin d'Henri Fournier s'est jouée à l'automne, au moment de la rentrée scolaire. Il est né le 3 octobre 1886, *Le grand Meaulnes* est paru en volume en octobre 1913, et il est mort le 22 septembre 1914. Fin septembre, enfant, il passait en famille la fin de ses vacances à Nançay, aux portes de la Sologne. Le plus beau moment de son congé d'été dont il ne parla jamais sans émotion. Il a été tué de deux balles dans le bois de Saint-Remy-la-Calonne couvrant les Hauts-de-Meuse. Bois dense bien que déjà abîmé par les combats, comme un chemin un peu sombre menant peut-être à un « domaine mystérieux ».

Quand je traverse la Sologne en train, surtout l'hiver, dans la brume, sous la neige ou sous un glacial soleil qui souligne la géométrie des arbres nus, je pense toujours à Alain-Fournier et à Nerval. Une impression de féerie, de pureté, de légèreté m'habite et m'évoque ces deux écrivains. Même si le coin forestier que traverse la voie ferrée n'est pas le plus beau et bien qu'il soit pour moi un paysage familier, il m'émerveille doucement à chaque fois. Cette beauté ressemble à Alain-Fournier, son œuvre, sa vie et sa mort.

Une polémique éclata en 1989 lorsqu'on prétendit que l'écrivain et ses hommes de la 23e compagnie du 288e RI avaient tiré sur des brancardiers allemands sans défense. L'autopsie des restes du lieutenant Fournier et de ses autres compagnons et bien des témoignages prouvent qu'il y a eu un échange de tirs entre les Français et une compagnie de grenadiers prussiens au milieu desquels se trouvaient des brancardiers qui tombèrent sous des balles perdues des deux camps. La compagnie de Fournier accomplissait simplement une mission de reconnaissance qui a mal tourné. Ce n'est pas le coup d'éclat de Péguy. C'est une mort héroïque plus intime, presque mélancolique dans la demi-pénombre d'un petit bois, en fin d'après-midi.

Jacques Rivière, son ami et beau-frère, a « raisonné », comme il dit, sur la fin d'Alain-Fournier. « Tout le monde ne sait peut-être pas qu'il faut une certaine "grâce" pour renoncer, en pleine conscience, non pas seulement au charme de la vie, à ceux qu'on aime, mais encore à tout ce que l'on porte en soi de capacités latentes et, pour tout dire d'un mot, à son œuvre quand on en porte une. » J'aime à croire pour lui qu'Henri Fournier a eu cette grâce.

Lorsque la guerre éclate, l'écrivain est en vacances à Cambo-les-Bains avec Pauline, sa maîtresse. Connue sous le nom de Simone, l'actrice est décidée à se séparer de son second mari, Claude Perier, petit-fils de Casimir Perier et compagnon d'armes de Péguy qui tombera à son tour en janvier 1915. Avant qu'Henri Fournier rejoigne sa garnison, à Mirande, au moment de la mobilisation, les amoureux se sont rendus à la cathédrale de Bayonne et se sont promis de se marier une fois la guerre finie. Ils croient pouvoir lier leur destin d'ici à quelques mois. Pauline est désespérée de voir l'homme qu'elle aime s'exposer directement au danger, alors que quelques jours auparavant le ministère de la Guerre lui avait proposé d'être interprète. Amie d'Aristide Briand, Pauline tentera ensuite de faire nommer Fournier à un poste assez éloigné du front. Elle n'éprouve aucun enthousiasme patriotique et ne pense qu'à sauver Fournier et leur bonheur. Elle préfère l'homme et l'écrivain au héros guerrier. Son choix est typiquement féminin, mais n'est-il pas aussi un choix humaniste et civilisé ?

Dans son article nécrologique consacré à Alain-Fournier, paru dans *Le Figaro* du 21 novembre 1914, Julien Benda, cousin de Pauline, résume bien le cas de conscience que pose une personnalité comme l'auteur du *Grand Meaulnes* : « Alain-Fournier était par excellence de ces êtres de choix qu'on voudrait soustraire au danger ; en voyant ses dons merveilleux, sa grâce, sa beauté d'âme on ne pouvait s'empêcher de penser qu'il était de ces biens qu'un pays doit défendre et non pas exposer. Lui pensait autrement. Sévère et résolu sous ses dehors de page, plaçant au-dessus de tout le mépris de la mort, il voulait lutter lui-même pour sa race, pour ceux qui firent sa culture. Il est tombé un soir, à la tête de ses hommes, disputant le terrain pied à pied. »

Quelles ont été les dernières semaines de la vie de Fournier sur le front ? On ne les connaît que par les lettres qu'il adresse essentiellement à

Pauline. Mais comme Dorgelès et tant d'autres, il atténue la réalité. Il cache le danger qu'il court, les duretés des premiers combats et des marches qui s'effectuent sous un soleil de plomb. Rien de tout cela ne rassure Pauline, aussi inquiète que la mère de Dorgelès. Peut-être parce que je connais le dénouement, peut-être parce que je peux en quelque sorte faire le compte à rebours, les lettres d'Henri à Pauline me paraissent avoir quelque chose d'irréel. Il mêle paroles d'amour, serment à sa « fiancée » à des descriptions de son quotidien, où alternent actions et ennuyeuses périodes de repos. Il est certainement sincère lorsqu'il parle à Pauline de leurs retrouvailles, de leur mariage, mais cela sonne sans cesse comme des paroles d'adieu.

Jacques Rivière, dans ses *Carnets*, affirme son désir de vivre, ne dissimule pas sa peur et ne cherche pas à jouer au héros outre mesure. Alain-Fournier paraît déjà ailleurs, prêt à la grande aventure. Même son amour pour Pauline ne peut le détourner, pas plus que l'amour d'Yvonne de Galais n'a empêché Augustin Meaulnes de partir, tenir une promesse qui est une chimère mais aussi une nouvelle aventure. Autant le lieutenant Péguy, selon le témoignage de Victor Boudon, est bien ancré dans la réalité de son devoir, précis, pragmatique, autant le lieutenant Fournier donne l'impression de flotter : il part au combat début août alors qu'il tourne une page de sa vie (son amour pour Yvonne de Quiévrecourt et la parution du *Grand Meaulnes*) pour un autre chapitre où l'amour n'est plus seulement rêvé mais vécu avec Pauline. Curieusement, il écrit très peu à sa sœur. Peut-être faute de temps. Peut-être parce qu'elle le rappellerait trop à la vie réelle, à son passé. À la différence d'autres écrivains, il est peu question de détails matériels dans ses lettres à lui. Oui, il flotte entre la « dure vie basse » et les exercices, et la mort perçue comme heureuse, idéalisée. Une délivrance. Comme pour Péguy et Jean de La Ville de Mirmont. Cela ne signifie pas que ces auteurs aient eu des envies de suicides héroïques. Simplement, ils ne craignent pas le destin. Drieu la Rochelle, au même moment, songe au suicide mais pour mettre fin à son mal-être.

Quelques jours avant d'être tué, Alain-Fournier déclara au pasteur Pierre Maury : « Je ne sais pas où est Dieu dans cette guerre, parce qu'on ne peut pas expliquer l'énigme du monde, mais je sais bien que je serai frappé quand Il voudra, comme Il voudra, là où Il voudra. » Enfant, il avait par deux fois échappé à la mort accidentelle. Fournier était persuadé depuis longtemps qu'il mourrait jeune, que la troisième fois serait la bonne. Cette certitude est si ancrée en lui qu'il affronte son destin avec sérénité. Cela contraste douloureusement avec l'extrême nervosité de Pauline exprimée dans ses lettres. Cela contraste avec l'espoir nourri par Isabelle Rivière, sa sœur, durant toute la guerre. L'attente de quatre ans dans l'appartement de la rue Cassini, le retour du frère déclaré non pas mort mais disparu. Disparu, donc peut-être encore vivant, prisonnier comme Jacques...

L'arrière continue à vivre presque normalement, cultive le patriotisme, parfois s'amuse en effet. Réalité qui creuse un fossé avec ces poilus revenant en permission ou sur un brancard. Mais l'arrière, c'est aussi l'inquiétude, les heures, les jours qui passent en tremblant pour le frère, le mari, le père au front. Une angoisse impuissante, inactive, qui ne peut s'oublier qu'en soignant des blessés, en participant à l'effort de guerre. Des actes importants mais qui n'ont rien de cet héroïsme actif capable d'anesthésier les peurs.

Au début des années 1910, Henri Fournier avait deviné lui aussi qu'un conflit était inévitable avec l'Allemagne. Il parlait parfois de la guerre dans ses lettres à Jacques Rivière, avec un enthousiasme juvénile et insouciant, d'un héroïsme possible à une époque où la France était encore en paix : « *La guerre* seule *est belle, l'exercice est affreux*, quand il n'a plus de fin immédiate et palpable. C'est pourquoi, malgré tout, l'armée est peut-être condamnée à mort », lui écrit-il pendant son service militaire.

Henri Fournier entretient un rapport ambigu

avec l'armée. Ses deux années de régiment, en 1907-1909, sont à la fois éprouvantes, vides, abêtissantes et en même temps riches, voire capitales d'un point de vue spirituel. Le jeune homme vient d'échouer pour la seconde fois au concours d'entrée à l'École normale supérieure. L'armée est un moyen de prendre du recul. Mais il se sent très isolé dans une masse de conscrits issus du peuple et dirigés par des officiers sur lesquels il jette un regard critique. Il n'est à sa place nulle part. Et si, comme Jacques Rivière, il s'était réjoui à l'avance de la possibilité de se frotter à des hommes de la classe populaire qu'il ne fréquente pas d'ordinaire, il déchante vite. Il souffre de la vulgarité et de la saleté. De même, bien qu'aimant l'exercice physique, se flattant d'avoir de bonnes notes en gymnastique, il sera vite épuisé par les marches et exercices très durs, auxquels il ne trouve surtout aucun sens. Au bout de quelques semaines, il quitte la cavalerie, qu'il ne supporte pas, pour l'infanterie, après avoir brièvement songé à tenter de se faire réformer. Jacques Rivière l'en dissuade en lui disant qu'il en aurait honte toute sa vie.

L'infanterie lui permet d'effectuer une partie de son service à l'École militaire. En dehors des périodes de manœuvres, il peut sortir le soir pour rendre visite à sa famille. Bientôt, il réussit le concours d'élève-officier de réserve. Il fait ses classes à Laval et passe les six derniers mois de son service en poste à Mirande, dans les

Pyrénées. Petite ville trop paisible à son goût, il bénéficie cependant d'un petit appartement et fréquente les autres officiers. Position *a priori* plus vivable mais qui le mènera surtout à une grande crise morale et à de nombreuses interrogations sur le roman qu'il veut écrire, sur Dieu, sur son amour désespéré pour Yvonne de Quiévrecourt, qui lui a inspiré le personnage d'Yvonne de Galais dans *Le grand Meaulnes*.

Libéré du service, à l'automne 1909, il effectuera encore quelques périodes de manœuvres. Henri Fournier aime quand même revêtir son habit militaire : c'est à ses yeux un costume qui lui permet d'être un autre homme et plus ou moins consciemment de s'imaginer en héros. Il a soif de renouveau, de voir le monde basculer, de changer d'époque. Il a foi dans le monde moderne, à l'opposé de son ami Charles Péguy. Son enthousiasme, lorsqu'il voit des avions voler au-dessus de Paris, symbolise bien ce désir de modernité. Dans *Le grand Meaulnes*, il décrit un monde suranné qui le touche mais qui n'existe déjà plus. Il a su le décrire avec délicatesse, mais ne veut pas se complaire dans cette douce nostalgie. Le passé est beau mais il est vieux. Lui, il est jeune et son état d'esprit est celui de Meaulnes : courir à l'aventure, vers un avenir dont il ignore tout, mais qui ne peut être que passionnant.

Sa fascination pour la guerre est aussi toute

littéraire. Il l'a décrite magnifiquement dans une note de lecture pour la *NRF* en 1912, « Sur les champs de bataille », consacrée à l'ouvrage intitulé *Souvenirs des journalistes français, anciens correspondants de guerre* : « Nous ne voulons qu'un récit plein de hâte et même d'essoufflement ; des phrases hachées ; des mots griffonnés sur un carnet, en traversant un coin de la bataille, écrit Fournier. Quel style pourrait nous émouvoir plus profondément que cette terrible précision, que l'humilité de cette exactitude ? »

Ce qui l'intéresse c'est « le détail le plus simple et le plus précis à l'instant le plus extraordinaire : un visage qui se tourne vers nous machinalement au moment de donner la charge ; la silhouette d'un officier qui se courbe soudain sur le pommeau de son sabre ; un appel au milieu du brusque silence... Dans les meilleurs de ces récits — et il en est d'inoubliables — tout est plus simple, plus vrai que nous ne l'avions imaginé. Au moment de sortir de la tranchée pour se porter en avant sous le feu de l'ennemi, on voit chaque soldat boucler son sac et arranger *avec soin* son équipement... Les hommes des troupes de réserves qui sont à l'abri et que tout à l'heure on enverra sous les balles trompent l'attente — cette attente qu'on imaginait fiévreuse, atrocement énervée, — en lisant à haute voix le journal, comme font nos hommes aux manœuvres. [...] Humbles détails ; gestes connus ; petites manies des troupiers au service en campagne... Les retrouver ici donne à ces scènes de guerre une réalité surprenante, et la présence de la mort leur confère une grandeur unique. »

Même si les témoignages sur la Grande Guerre ne manquent pas, je ne peux m'empêcher de penser qu'Alain-Fournier aurait certainement donné un très beau livre, peut-être différent des autres. Je dis peut-être car, comme Péguy, comme ceux qui sont morts sans avoir eu le temps d'écrire, l'extrême cruauté des tranchées aurait sans doute modifié leur vision du monde et donc leur œuvre. Mais le lieutenant Fournier est mort le 22 septembre 1914, et cette note de lecture donne un peu le vertige : on a l'impression qu'il décrit sa propre fin. On imagine au moment de l'affrontement entre sa compagnie et les 6e grenadiers prussiens que des balles ont haché les feuilles des arbres de la forêt, on imagine qu'il a échangé des regards avec ses hommes. Des secondes aussi fugitives qu'intenses qui disent tout du « grand jeu ».

La guerre, il l'imagine sur le modèle des conquêtes napoléoniennes et non sous son vrai visage immobile et anonyme. Mais cela ne fait pas de lui un belliciste assoiffé de vengeance à l'égard de l'Allemagne. Ce qu'il aime dans la guerre, c'est le dépassement de soi et la lutte pour un idéal. De même qu'en amour, il rêve d'absolu, de pureté, le combat apparaît comme une façon de s'élever, l'occasion d'un héroïsme métaphysique.

JEAN DE LA VILLE DE MIRMONT

> *Ta belle indifférence en face de la vie.*
>
> FRANÇOIS MAURIAC
> à Jean de La Ville de Mirmont,
> 21 juin 1910.

La photo la plus connue de Jean de La Ville de Mirmont le montre debout, en habit militaire. Bien que posé, presque officiel, le cliché est un peu flou, comme la vision du jeune homme, atteint d'une forte myopie. Les quelques autres photos, publiées dans le volume de ses œuvres complètes, étrangement, manquent aussi de netteté. Comme si Jean de La Ville de Mirmont n'avait vécu qu'une existence à peine palpable, presque transparente. Des photos qui reflètent sa vie et son destin. L'une d'entre elles ressemble à un tableau : le visage de Jean de La Ville posant en dormeur du val. Je songe à ce soldat mort de l'exposition au théâtre d'Aubervilliers qui m'avait fait aussi penser au poème de Rimbaud. Rimbaud, trop jeune pour la guerre de 1870, aurait été trop vieux pour celle de 14-18 et l'aurait certainement regretté.

Jean de La Ville est le moins connu des écrivains dont j'ai choisi de parler, il se rapproche donc le plus des poilus sans nom. C'est un écrivain pour *happy few* : être dans la liste des meilleures ventes le dénaturerait. Né le 2 décembre 1886 à Bordeaux, il avait deux mois de moins qu'Alain-Fournier, il est mort deux mois après lui, vers la même heure. Étrange parallélisme. Son père, Henri de La Ville de Mirmont, était un grand latiniste. Sa mère, Sophie, a écrit quelques ouvrages et un bref livre sur son fils, enrichi de lettres et de vers inédits. Grâce à elle, à Mauriac, l'un de ses amis, puis à un grand admirateur, Michel Suffran, on parvient à une œuvre de trois cents pages aérées (vers, contes, lettres et un roman). De son vivant, Jean de La Ville n'a publié que son unique roman, *Les dimanches de Jean Dézert*, en février 1914, tiré à trois cents exemplaires, à compte d'auteur, sur du papier choisi avec soin. Quelques semaines plus tard, il apprend qu'un nouveau rédacteur appelé Jean Dézert va entrer dans son service... Il s'en amuse tout en espérant qu'aucun collègue ne tombera sur son livre.

Enfant, Jean rêvait de l'École navale, mais ne put être admis à cause de sa vue trop faible. Lui qui a vu tant de bateaux partir de sa ville natale, n'a jamais pu assouvir ses désirs d'évasion. Il fit des études de droit à Paris et passa un concours administratif pour devenir rédacteur à la préfecture de la Seine. Il s'occupait des pensions et autres doléances des vieillards. Fonctionnaire ordinaire, comme Jean Dézert, symbolisant aussi tout ce qu'au fond de lui il refuse : le manque de fantaisie et de passion, la platitude, bref, la non-vie. Parfois, Jean de La Ville, qui se voyait en futur vieux garçon désabusé, essayait d'accomplir des choses sortant des sentiers battus : il eut par exemple un singe, Caliban, « cœur excellent, quoique fantasque », qui mourut dès les premiers frimas parisiens en 1913.

L'écrivain plus que discret, qui s'excusait presque de coucher sur le papier quelques-unes de ses « élucubrations », était obsédé par l'ordinaire, le prosaïque, jusqu'à l'absurde. Obsession qu'il traite dans son roman avec un humour aussi tendre que glacial et désenchanté. On se prend à aimer Jean Dézert. On le voit comme un être frustré de ne pouvoir exprimer les trésors de son cœur, frustré de ne pouvoir vivre.

Lorsque Jean de La Ville écrit que Jean Dézert a résolu de se suicider, je me souviens de ma surprise. Le suicide est une décision extraordinaire, un choix de vie, Jean Dézert serait-il vivant ? Mais il renoncera. Même en s'exécutant un dimanche, « pour ne pas manquer son bureau », ce geste imposerait son individualité aux yeux du monde. C'est insupportable. Il serait un méchant grain de sable dans la grande horlogerie bien huilée, bien indifférente, qui s'appelle la société.

De tous les écrivains héros de la guerre de 14-18, Jean de La Ville est certainement celui qui a imaginé avec Jean Dézert le héros le plus anti-héroïque possible. La guerre qui éclate quelques mois après la publication du livre est l'occasion inespérée de vivre enfin, de vaincre ce nouveau mal du siècle qui habite Jean Dézert / de La Ville. Au moment de la mobilisation, son destin l'appelait à rester dans un bureau avec sa paire de lunettes sur le nez. Jean de La Ville insista pour être recruté et parvint à être enrôlé lors d'un second examen. Le 15 août, il avait écrit à sa mère : « J'ai là une occasion de voir du pays, de sortir de mon existence ordinaire, de courir quelque danger. Je serais désolé de la perdre. » Sergent de la 29e compagnie du 57e RI, il partit le 12 septembre 1914 rejoindre son régiment à Libourne puis vers l'Est quinze jours plus tard. Il écrit à sa mère le 1er octobre pour lui demander de lui envoyer du chocolat. « Je suis en excellente santé et les obus me laissent froid. Ce n'est pas ennuyeux du tout. » Le 4 octobre, il a été en première ligne mais n'a « pas encore tiré un coup de fusil ». L'action se fait attendre. Le 20 octobre, il n'a toujours pas eu l'occasion de tirer. L'héroïsme se déroberait-il à lui en pleine guerre, comme l'évasion dans sa ville natale d'où partaient tant de navires ? Il espère passer sous-lieutenant afin d'avoir une cantine pour y conserver plus d'affaires, notamment les lainages envoyés par sa mère.

Son héroïsme est celui d'un être consciencieux, serein, sûr de son courage parce qu'il a un profond sens du devoir. « [U]ne guerre extraordinaire va, sans doute, mettre le feu à tout un continent, écrit-il à son père dès le 1er août 1914. J'en serai le spectateur, j'en serai, j'espère aussi, un des acteurs, résolu à *servir* dans la modestie de mon rôle, et j'ai fait d'avance, en toute hypothèse, joyeusement, le sacrifice de ma vie. » Faire « gaiement son devoir », dit-il aussi à sa mère. La simplicité avec laquelle il parle n'est pas une pose. C'est aussi la simplicité admirable de tous ces poilus qui, à l'été 1914, croyaient à leur devoir. Peut-être est-ce la première et la seule guerre où l'élan patriotique français fut le plus grand. Le sacrifice de ces jeunes gens n'en apparaît que plus noble. Jean de La Ville sera au front trop peu de temps pour prendre des distances avec le patriotisme. Il est résigné à accepter son sort, quel qu'il soit. Il préfère écrire à l'une de ses nièces que s'il finit cul-de-jatte, elle le tirera avec une ficelle comme un gros joujou.

« La mort désigne les siens, souvent d'une façon bizarre », écrit-il le 13 novembre. Alain-Fournier, quelques jours avant sa mort, avait fait une déclaration semblable, remplaçant la mort par Dieu, absent du monde prosaïque de Jean Dézert. Jean de La Ville parle à ses parents des odeurs de cadavres, des corps mutilés, des obus qui tombent près de lui, mais avec la distance qu'il mettait à décrire les dimanches sans grâce de Jean Dézert. « Je souffre fort peu, dois-je avouer, de ces spectacles, et ne perds rien de ma belle humeur. Quelques mauvais moments lorsqu'on attend la rafale d'obus. Encore sont-ils rachetés amplement par la joie animale, et d'ailleurs légitime, de se sentir encore en vie après. Mais j'aime mieux les balles. Elles sifflent gentiment et font des blessures propres. » Il est frappé en regardant le champ de bataille « affreux (ou très beau) ». Détachement étrange et bouleversant car, derrière cette indifférence sèche, perce la mélancolie d'un jeune homme qui veut garder la tête haute. Ses lettres sont parsemées de petites phrases qui font frissonner en nous envahissant de ces deux impressions paradoxales.

Bien sûr, comme les autres soldats, il veut rassurer ses proches. Jean de La Ville de Mirmont a conscience qu'en s'engageant, il cause du souci à sa mère, dont il est si proche. « Tu souffres certainement par la pensée plus que moi en réalité. Je suis tout à fait aguerri et prends mon parti des quelques incommodités qui me sont imposées », écrit-il le 23 novembre. Quelques jours auparavant, il avait annoncé avoir apparemment engraissé : « Ah ! cette vie de plein air ! » Même face à ce qu'il vit, l'horreur qu'il commence à entrevoir et dont il a compris qu'elle durerait, même face à ce spectacle, comme Apollinaire, il garde une grande force morale, mû par un esprit qui sait se faire léger, à la façon de Beaumarchais. Sans doute espère-t-il faire sourire doucement sa chère mère, à qui il écrit un mois avant sa mort, à deux jours près : « Si un obus m'emporte, je mourrai comme dans tes bras quoique de si loin. » Une phrase que Proust aurait pu écrire.

C'est à elle qu'est allée sa dernière pensée et sa dernière lettre qui s'achève par cette signature : « Ton fils si loin et si près de toi — et sur qui veillent non seulement son *étoile* mais toutes les *étoiles du ciel*. "En cette foy, je veux vivre et mourir" (refrain de la ballade que fit Villon pour sa mère). »

Le 28 novembre, vers cinq heures du soir, Jean de La Ville de Mirmont et deux de ses camarades meurent à Moussy-Verneuil sur le si meurtrier Chemin des Dames. Ils sont ensevelis par un obus, et le sergent de La Ville meurt la nuque brisée. Une blessure invisible, propre. Il avait été un peu imprudent, il avait tenté un acte un peu extraordinaire, évidemment courageux : refuser une relève. Il me semble qu'en filigrane de ces lettres du front Jean de La Ville révèle qu'à travers la guerre (la mort peut être au bout), il veut découvrir enfin une forme d'existence. C'est ce qui rend ses lettres si émouvantes, malgré ce ton qui peut paraître sec et indifférent. Ce ton qui sert de parfaite couverture aux cœurs les plus sensibles.

Jean de La Ville de Mirmont, l'auteur de *L'horizon chimérique*, le poète des grands désirs inassouvis, à qui toute aventure avait été refusée, même une belle aventure amoureuse semble-t-il, même l'aventure de la littérature puisqu'il se dérobait à cette carrière, a peut-être eu le sentiment d'exister au moment où il a été enseveli.

Il avait du « goût pour l'exceptionnel et l'inhabituel », comme il l'écrivait à sa mère le 19 octobre 1914. « Il ne faut point pleurer ceux qui, à vingt-quatre ans, se font tuer au feu en défendant leur pays, lui avait-il dit deux jours auparavant. Leur vie a été belle et leur destinée, complète. » Voilà ce que Jean de La Ville de Mirmont est venu chercher au front : une destinée complète.

N'est-ce pas lui qui m'a donné envie d'écrire cet éloge de l'héroïsme ? J'imagine que s'il lisait cette phrase, il en sourirait et répliquerait avec humour pour me rappeler qu'il n'est au fond qu'un être ordinaire... Si Jean de La Ville de Mirmont était revenu du front, aurait-il osé être homme de lettres ? Ou bien la trop terrible guerre l'en aurait-elle détourné ? Il garde à jamais sa part de mystère, d'inachevé, tout en restant une silhouette fraternelle, frémissante.

Cent ans plus tard, en le découvrant, j'ai l'impression qu'il revit à nouveau. En lisant fiévreusement toutes ses lettres et ses contes dans un train, tout en étant habitée par tant de souvenirs et de pensées bien éloignés de lui, il me semblait que ses mots résonnaient comme des évidences. Et à chaque évidence, le sentiment merveilleux de le connaître davantage et de n'être ainsi plus seule.

Si je suis triste de ne pas avoir encore d'autres

volumes de Jean de La Ville de Mirmont à lire, je me console en songeant que sa mort a été heureuse. Son héroïsme est venu combler ces secrètes aspirations qui sont plus ou moins enfouies en chacun de nous et qu'il aura passé sa vie à suggérer délicatement.

Deux étrangers combattant pour la France

Le lendemain de la mobilisation générale en France, Blaise Cendrars et son ami italien Ricciotto Canudo, inventeur en 1919 du terme de « 7e art », lancent avec quelques autres intellectuels un appel à tous les étrangers pour les inciter à s'engager pour notre pays. Le texte est publié le 3 août 1914 dans *Le Gaulois, Le Figaro, Le Matin, Le Temps, L'Intransigeant* :

L'heure est grave.
Tout homme digne de ce nom doit aujourd'hui agir, doit se défendre de rester inactif au milieu de la plus formidable conflagration que l'histoire ait jamais pu enregistrer.
Toute hésitation serait un crime.
Point de paroles, des actes.
Des étrangers amis de la France, qui pendant leur séjour en France ont appris à l'aimer et à la chérir comme une seconde patrie, sentent le besoin impérieux de lui offrir leurs bras.

> *Intellectuels, étudiants, ouvriers, hommes valides de toutes sortes — nés ailleurs, domiciliés ici — nous qui avons trouvé en France la nourriture de notre esprit ou la nourriture matérielle, groupons-nous en un faisceau solide de volontés mises au service de la plus grande France.*

Des milliers d'étrangers s'enrôlèrent, certains, avouons-le, afin d'être naturalisés et tourner le dos à un passé difficile ou compromettant. D'autres pour défendre la liberté contre l'impérialisme. La plupart servirent dans la Légion étrangère. Même s'il s'agit d'une façon de s'affirmer comme Français après avoir choisi cette langue pour s'exprimer comme écrivain, l'héroïsme d'Apollinaire et de Cendrars est avant tout politique. La nationalité française qu'ils ont obtenue ensuite est d'autant plus importante et symbolique pour Apollinaire, sorte d'apatride. Poète polyglotte, il s'est aussi battu pour la langue française, qu'il a enrichie et enchantée de ses inventions.

GUILLAUME APOLLINAIRE

Je suis un cri d'humanité
Je suis un silence militaire

« Agent de liaison »,
Poème à Lou du 13 avril 1915.

Guglielmo Alberto Wladimiro Alessandro Apollinare de Kostrowitzky est né au matin du 26 août 1880 à Rome. Sa mère, Olga de Kostrowitzky, était polonaise (de fait, de nationalité russe à l'époque). Son père était certainement italien. À sept ans, avec sa mère et son demi-frère, Apollinaire quitte l'Italie pour Monaco puis finit ses études à Nice. Il a dix-neuf ans quand il s'installe à Paris, où il commence rapidement à écrire de la poésie, tout en multipliant les petits emplois alimentaires dans le secteur bancaire et la presse. Peu à peu, il s'introduit aussi dans le milieu artistique par l'intermédiaire de Marie Laurencin, sa maîtresse.

En 1913, Apollinaire est un critique d'art reconnu dans toute l'Europe. Il publie alors *Alcools*, rassemblant une sélection de ses poèmes écrits depuis quinze ans. Quelques jours avant la mobilisation générale, il remet le manuscrit du *Poète assassiné* aux frères Briffaut, qui doivent l'éditer. Ces contes d'inspiration autobiographique ont un titre finalement prémonitoire... Apollinaire gagne ensuite Deauville avec son ami dessinateur André Rouveyre. Ils doivent rendre compte de la saison pour la presse. Tout le monde pense encore passer un bel été, en dépit de l'attentat de Sarajevo et des tensions de plus en plus grandes. Le 31 juillet au soir, Apollinaire et Rouveyre regagnent précipitamment la capitale : l'assassinat de Jaurès rend la guerre inévitable.

Il compose un calligramme, « La petite auto », racontant avec la grâce du dessin et une fausse légèreté de ton ce retour à Paris, semé d'embûches, avec ces pneus qui crèvent par trois fois. Peut-être n'y a-t-il pas de plus beaux poèmes pour résumer toute l'atmosphère du moment : ce brusque basculement et la menace qui pèse sur les larges épaules du poète.

« [...] Nous dîmes adieu à toute une époque / Des géants furieux se dressaient sur l'Europe / Les aigles quittaient leur aire en attendant le soleil / Les poissons voraces montaient des abîmes / Les peuples accouraient pour se connaître à fond / Les morts tremblaient de peur dans leurs sombres demeures. [...] Je n'oublierai jamais ce voyage nocturne où nul de nous ne dit un mot / Ô départ sombre où mouraient nos 3 phares / Ô nuit tendre d'avant la guerre. » Mais après la tension tragique du retour précipité, l'ordre de mobilisation sonne comme un renouveau : « Au moment où l'on affichait la mobilisation / Nous comprîmes mon camarade et moi / Que la petite auto nous avait conduits dans une époque / Nouvelle / Et bien qu'étant déjà tous deux des hommes mûrs / Nous venions cependant de naître. »

Pour Apollinaire, à la vie si riche déjà, qui existe pleinement par sa créativité, la guerre annonce une autre époque et une véritable naissance. Exister en se mobilisant, en agissant, en sortant de l'ordinaire de la paix.

La tragédie est cependant au bout de la route, en contraste avec « ce merveilleux lever de soleil sur la Seine » du 1er août. « Je sentis alors le vide infini de mon cœur et me laissai gagner par le sommeil », ajoute le poète. Il évoquera aussi ce moment dans *La femme blanche des Hohenzollern*, filant la métaphore du merveilleux pour parler de la mobilisation. D'emblée, Apollinaire désire être utile, participer à « la longue fête héroïque » qui remplacerait celle de Deauville, écourtée. Il se rêve poète militaire, tels ces quelques écrivains français qui ont fait aussi carrière à l'armée. Mais c'est un rêve d'héroïsme empreint de nostalgie et qui ne correspond pas à la réalité de 1914. Début août, il se présente au bureau de recrutement mais, n'étant pas français, il est d'abord refusé. Faute de pouvoir être incorporé dans l'immédiat, il se rend à Nice où il rencontre Louise de Coligny-Châtillon, dite Lou. Il tombe amoureux de cette descendante de l'amiral Coligny, divorcée, sans ressources, logeant chez une cousine de son ex-mari et infirmière bénévole. C'est surtout une femme libre et frivole de trente-deux ans qui a oublié son éducation rigoureuse. Le 4 décembre, toujours à Nice, le poète repasse devant le conseil de révision et renouvelle sa demande. Il est alors incorporé au 38e régiment d'artillerie et s'engage pour toute la durée de la guerre. Sa caserne se trouve à Nîmes. Lou le rejoint jusqu'au 16 décembre puis repart à Nice. Avant de gagner le front, il alterne entre confiance et enthousiasme, tout en désirant que quelque chose l'empêche d'aller se battre pour rester auprès de Lou, qui hante ses jours et ses nuits. En outre, il a eu déjà des échos du front et d'une guerre brutale et sans poésie. Mais à aucun moment il ne songe à fuir l'armée : il souhaite se montrer à la hauteur de Lou, lui inspirer de l'admiration. Amour et esprit de chevalerie le guident, comme Bernanos, un peu aussi comme Dorgelès avec Mado à qui il avoue plus les dangers auxquels il est confronté qu'à sa mère qu'il ne veut pas inquiéter. Mado préférera un homme moins héroïque mais disponible, de même que Lou, plus préoccupée de ses plaisirs que du sort du poète qui, à ses yeux, n'est qu'une aventure de passage. Deux femmes qui rappellent que si certains civils, à l'arrière, sans pouvoir se représenter l'horreur, ont soutenu moralement les soldats, d'autres, femmes et hommes embusqués, ont coulé des jours finalement assez doux.

Le 2 janvier 1915, Apollinaire, après une brève permission passée auprès de Lou, reprend le train pour Nîmes. Dans son compartiment se trouve également une jeune femme de vingt-deux ans, Madeleine Pagès. Celle-ci se rend à Marseille afin de prendre un bateau pour rejoindre sa famille à Oran. L'amant exalté de Lou tombe sous le charme de la demoiselle. Ils se parlent et échangent leur adresse. Ils vont s'envoyer des lettres et Apollinaire va cultiver ce nouvel amour alors que sa liaison avec Lou s'achève. Le 6 avril 1915, il gagne la Champagne avec son régiment. Il est agent de liaison.

Pendant qu'il est au front, du printemps à la fin de l'année 1915, il va écrire aux deux jeunes femmes avec une verve sensuelle et exaltée, nourrie de fantasmes. Lou, éprise d'un autre artilleur appelé Toutou, est cependant négligée peu à peu au profit de Madeleine, dont il demande la main le 10 août 1915. La jeune femme, professeur de lettres, est plus sensible à la poésie que Lou. Elle consent au mariage et, dès lors, Apollinaire s'abandonne à l'amour sensuel par lettres comme il le faisait avec sa précédente maîtresse. Les photos que Madeleine lui envoie alimentent sa passion amoureuse et ses rêveries érotiques. Dans sa correspondance, il mêle évocations de la guerre et de Madeleine, comme il l'avait fait avec Lou. Le 9 octobre, il écrit à la première : « Tes seins sont les seuls obus que j'aime. » Et quelques jours plus tard, le 14 octobre : « Ô phare-fleur mes souvenirs / Aux cheveux noirs de Madeleine / Les atroces lueurs des tirs / Ajoutent leur clarté soudaine / À tes beaux yeux ô Madeleine. » Les lettres presque quotidiennes et les poèmes du front, auxquels s'ajoute la correspondance amicale, révèlent la force morale et littéraire d'Apollinaire. Il fanfaronne souvent pour ne pas avouer que les longues marches, les stations dans les abominables tranchées, l'humidité des marécages qui lui font quand même un peu craindre le paludisme, tout cela n'est pas aussi « épatant » qu'il le dit.

Apollinaire parvient pourtant à continuer à vivre en écrivain et poursuit ses exercices de séduction. Ses lettres à Lou et à Madeleine, lettres de guerre et lettres d'amour, sont poétiques, étonnantes, magnifiques. Si Apollinaire n'avait pas été si épris, aurait-il perçu ainsi le front ? L'amour ne l'incite-t-il pas à avoir plus de courage encore et à déployer un lyrisme qui n'appartient qu'à lui ? Apollinaire parle des bruits, des projectiles, de l'atmosphère des tranchées en recourant à des images, des mots appartenant au registre du spectacle, de la danse et de la musique.

Ainsi écrit-il à Madeleine Pagès le 10 décembre 1915 : « Hier vers quatre heures, une action s'est déchaînée, c'était fantastique et effrayant. Le théâtre ne peut donner une idée du bombardement effroyable qui empourpre soudain le ciel, du sifflement des obus qui passent en l'air comme des autos passant sur le sol dans une course, de l'éclatement déchirant des bombes et des torpilles, du crépitement insensé de la fusillade dominé par le *tac tac tac* tout proche de la mitrailleuse. » Et à Lou, le 1er juillet de la même année : « La nuit feu d'artifice extravagant et continuel, du vert, du rouge, du blanc, des chandelles romaines, que sais-je encore. L'air est excellent, malgré les mouches et les cimetières infinis à l'infini. »

Dans une autre lettre à Lou, il évoque aussi le

petit jardin de pâquerettes et de pensées improvisé par des poilus et agrémenté d'inscriptions patriotiques.

Aucun écrivain, je crois, n'a su mieux que lui exprimer avec une telle poésie le double visage de la guerre, d'une horrible beauté, où la promiscuité insupportable alterne avec la fraternité indicible, où l'amour et le front s'épousent et se combattent. Apollinaire nous fait sentir la guerre par le biais de la beauté de la langue française, comme si les mots pouvaient faire de la tragédie une œuvre finalement esthétique et morale, comme si les mots pouvaient désamorcer les bombes. On peut être gêné par ce parti pris. Mais on peut dire également que c'est un acte de résistance intellectuelle. Dépasser héroïquement sa propre peur, sa propre situation d'artilleur fondu dans la masse et cible parmi d'autres, pour s'imposer comme poète.

Son incorporation dans l'infanterie, à partir de novembre 1915, le met davantage en danger et surtout l'expose plus souvent aux corps ravagés. Des visions terribles qui contrastent avec l'ennui, l'inaction fréquente et les menues occupations, parfois absurdes, qu'une bombe ou du gaz peuvent interrompre en apportant la mort. Pour s'occuper, quand il n'écrit pas, il fabrique des bagues pour Lou et Madeleine à qui il veut offrir une alliance faite avec le métal récupéré des obus et autres projectiles allemands. Le métal qui va aussi le sauver puisque sans casque il serait mort au front. En décembre 1915, Apollinaire obtient une permission assez longue pour se rendre à Oran chez Madeleine. Il prend le bateau le jour de Noël et revient à Marseille le 10 janvier 1916. Au retour, l'ardeur amoureuse va disparaître peu à peu sans qu'on sache ce qui a déçu le poète chez sa « petite fée ». Peut-être la simple réalité après avoir pris pour objet de son obsession amoureuse une femme rencontrée seulement le temps d'un voyage en train et qu'il a aimée de longs mois à travers des mots et des photos. L'effroyable de la guerre sans visage le décourage. On dirait qu'il a perdu son énergie en se détachant de Madeleine. Apollinaire en vient à souhaiter une blessure, mais il juge cependant que le front valait la peine d'être vécu. Il lui a permis de développer son univers en expérimentant des sentiments et sensations nouveaux.

Est-ce que sa lassitude et sa déception d'engagé et d'amoureux n'appelaient pas la blessure physique ? Le découragement du héros, après tant de forces déployées pour supporter la guerre, le fragilise. L'état psychologique particulier des combattants était difficilement compréhensible par les civils et contribua à créer un véritable fossé entre le front et l'arrière. Les soldats français et allemands, s'ils s'étaient parlé, se seraient alors mieux compris que les poilus et leur famille. Apollinaire sera souvent bien sévère avec les embusqués et même avec l'arrière qui ne comprend pas.

Le poète est touché à la tempe droite par un obus le 17 mars 1916. « [L]e brigadier au masque aveugle souriait amoureusement à l'avenir, lorsqu'un éclat d'obus de gros calibre le frappa à la tête d'où il sortit, comme un sang pur, une Minerve triomphale ». Alors que Cendrars ne pourra raconter sa blessure qui l'ampute, Apollinaire en fait la description poétique dans « Le cas du brigadier masqué ». Il s'agit du dernier conte du *Poète assassiné*, recueil qui n'avait pu paraître à cause de la guerre. Ce dernier texte sera achevé sur jeu d'épreuves. Une semaine avant d'être grièvement blessé, le poète avait obtenu la nationalité française. Sa guerre est finie, ses fiançailles également. L'heure d'un certain désenchantement a aussi sonné pour lui. Une fois sa longue convalescence achevée, suite à la trépanation qu'il a subie, Apollinaire sera employé dans l'administration, notamment au service de la censure tout en reprenant ses activités littéraires.

La photo la plus célèbre du poète est certainement celle où il apparaît avec son pansement à la tête. N'est-il pas le grand poète français de la guerre de 14-18, à travers ses lettres, vers et calligrammes ? Poète de la guerre, qu'il fait rimer constamment avec l'amour. Apollinaire meurt dans son lit de la grippe espagnole le 9 novembre 1918, deux jours avant l'armistice, mais il est officiellement déclaré mort pour la France pour rendre justice à son courage.

Son héroïsme, à mes yeux, c'est aussi, surtout, d'avoir toujours réussi à élever son regard et à le garder lyrique. « J'ai tant aimé les Arts que je suis artilleur », écrit-il en février 1915 à André Dupont. Voilà qui le résume bien. Et l'art poétique triomphe malgré tout.

BLAISE CENDRARS

> *[L]e métier d'homme de guerre est une chose abominable et pleine de cicatrices, comme la poésie.*
> La main coupée, « Plein-de-soupe ».

Le Suisse Blaise Cendrars s'engage dès l'été 1914 en appelant, on l'a vu, d'autres étrangers à l'imiter. À lui aussi, cette guerre semble légitime et il rejoint la conviction de Barbusse. Il se bat, non par esprit de revanche après 1870, mais pour lutter contre l'impérialisme prussien, pour l'avenir et la liberté. Il écrit ainsi à son ami August Suter en septembre 1914 : « Cette guerre est une douloureuse délivrance pour accoucher de la liberté. Cela me va comme un gant. Réaction ou Révolution — l'homme doit devenir plus humain.

Je reviendrai. Cela ne fait point de doute. B. C. engagé volontaire. »

C'est étrange, Péguy, Fournier, Jean de La Ville de Mirmont, directement ou pas, annoncent qu'ils ne reviendront pas ou envisagent sérieusement cette éventualité. D'autres comme Apollinaire, Dorgelès, Cendrars, Jacques Rivière assurent qu'ils reviendront. Certes, les balles ne choisissaient pas, mais je ne peux m'empêcher de songer que nous avons peut-être le destin que nous avons choisi. Les premiers vivent l'héroïsme comme un point de non-retour. Les autres le perçoivent comme une étape extraordinaire de la vie mais non une fin. Quant à Drieu la Rochelle, lui aussi pense mourir, mais il échoue à être héroïque jusqu'au bout, condamné à la désillusion perpétuelle qui fait partie de sa nature profonde.

Parmi les écrivains français de la Grande Guerre, Blaise Cendrars me semble à part. Durant l'année qu'il passe en première ligne, il n'est plus Cendrars, l'auteur de *Prose du Transsibérien et de la petite Jehanne de France*, mais redevient Frédéric Louis Sauser. Non, pas même Sauser, il est un soldat de première classe, troisième régiment de marche de la Légion étrangère, matricule 15 29. Il ne passe que rarement ses moments de repos à adresser des lettres à ses proches, pas même régulièrement à Féla, la mère de son fils Odilon, qu'il a épousée le 16 septembre 1914. Il n'écrit pas même pour lui. Il abandonne la plume, à la différence de ses camarades, qui n'ont certainement jamais autant écrit de toute leur vie. Ses supérieurs le tiennent pour un soldat malin et courageux. Cendrars a choisi la discrétion. « J'adore le secret. Un des grands charmes de la Légion étrangère c'est que l'on peut s'y engager sous un faux nom et que l'on y respecte votre incognito. » Mais un jour, un agent de la Sûreté arriva à La Grenouillère, près de Péronne, où le régiment de Cendrars était posté. L'écrivain fut surpris quand l'agent l'appela Blaise Cendrars et lui prouva qu'il connaissait son œuvre et ses activités littéraires et artistiques. Il se sentit inquiet quand l'agent lui affirma qu'il classerait le dossier qu'il avait à son sujet et aucunement flatté, même si l'espion, lui, était manifestement aux anges et supporta ses rebuffades. Quand son admirateur lui rapporta une conversation qu'il avait tenue au Flore, l'écrivain se montra encore plus méfiant. En outre, se voir rappeler son passé de poète lui inspira de la nostalgie. Quelques mois auparavant, n'était-il pas un jeune auteur de vingt-six ans qui avait publié ses premières œuvres importantes ? Mais, en s'engageant, il a renoncé au poète qui est en lui, comme si ces deux identités étaient incompatibles. Exactement l'opposé de son ami Apollinaire. Je laisse aux lecteurs le plaisir de découvrir comment, bien plus tard, Cendrars eut la preuve que l'agent avait été sincère dans ses éloges, à la fin du chapitre « À la Grenouillère » de *La main coupée*.

Cendrars préfère se couler dans la masse d'étrangers engagés dans ce régiment bigarré, rassemblant différentes nationalités avec des origines et des destins parfois tellement étranges... C'est le cas de Przybyszewski, dit le Monocolard qui, selon Cendrars, ressemble à Max Jacob. Il prétend être fortuné, grâce à des plantations à Tahiti. Mais alors pourquoi s'est-il engagé ? Cendrars devinera qu'il s'est plus certainement évadé du bagne. C'est un splendide jeteur de poudre aux yeux dont l'écrivain brossera un portrait vivant et drôle. Ils furent versés ensuite dans deux bataillons différents et cet étrange et séduisant Polonais fut porté disparu.

Le 1er septembre 1915, Cendrars a vingt-huit ans. Il écrit à son ami Suter : « J'ai bu d'un seul trait toute une année de guerre sans m'en apercevoir. Et je n'en suis pas plus saoul qu'avant. C'est vieux, vieux — guerre, canons, Féla, sang, batailles, mines, mon fils, mes livres, les morts — je suis plus seul et plus détaché que jamais. » Noblesse et tristesse du combattant. Façon délicate de ne pas avouer l'usure prématurée d'un cœur pourtant encore jeune.

Quelques semaines plus tard, le 28 septembre, Cendrars participe à une offensive restée tristement célèbre à la ferme Navarin, lieu-dit près du village de Sainte-Marie-à-Py, dans la Marne. Un obus lui arrache le bras droit, « un bras humain tout ruisselant de sang, un bras droit sectionné au-dessus du coude et dont la main encore vivante fouissait le sol des doigts comme pour y prendre racine... », écrira-t-il dans *La main coupée*. C'est la seule allusion à sa blessure dans son texte. En décembre, soigné au lycée Lakanal, à Bourg-la-Reine, transformé en hôpital, il reçoit la médaille militaire et la croix de guerre. Il ne sera naturalisé français que le 16 février 1916.

Après avoir perdu son bras droit, il s'entraîne à écrire avec la main gauche. Cendrars songe, comme la plupart des écrivains, à raconter son expérience au front et commence « Souvenirs d'un amputé ». Mais il devra s'écouler trente ans pour qu'il parvienne à le faire sous une forme plus romanesque. Accepter mentalement l'amputation pour la remplacer par un mot moins dur : coupé. Trente ans durant lesquels Cendrars a gardé des impressions mais reconnaît avoir oublié les noms de ces « pauvres bougres qui sont tombés sans savoir pourquoi ni comment ». Oubliés les noms et le contexte de « leur mort exemplaire ». Cendrars, comme les autres écrivains, par son livre, a néanmoins immortalisé quelques-uns de ces hommes qui, comme lui, n'avaient pas « l'étoffe d'un héros ». Ils n'ont été que des « martyrs », écrit Cendrars. C'est aussi le mot qu'a choisi Duhamel. Mais jamais des martyrs passifs, résignés, non, des hommes qui se sont dépassés même si leurs actes se sont dilués dans l'immense flot indifférent de l'Histoire. Car il est impossible que la mémoire humaine puisse conserver ces millions de noms.

Cendrars écrit *La main coupée* de décembre 1944 à 1946. Le livre est dédié à ses fils alors que l'aîné, Odilon, est prisonnier, et Rémy, le second, engagé, comme pilote de chasse. Ce dernier mourra à vingt-neuf ans lors d'un accident d'avion, le 26 novembre 1945 à Meknès, au Maroc. Pendant la Seconde Guerre mondiale, Cendrars écrit sur la Grande Guerre pour ses enfants devenus des adultes en âge de se battre. La répétition de la même histoire absurde est encore plus inhumaine puisqu'à la guerre se sont ajoutés les camps de concentration. Une répétition qui agit comme un déclic pour Blaise Cendrars.

La main coupée est un témoignage sur la Grande Guerre au genre assez différent du *Feu*, des *Croix de bois* ou encore de *Vie des martyrs*. L'appartenance à la Légion étrangère apporte une tonalité particulière et Cendrars traite le sujet sur un ton mêlant familiarité, récit réaliste, humour et moment lyrique où la beauté secrète de la vie s'impose. Cendrars met en scène des étrangers qui se battent pour la France. Certes, certains le font par intérêt comme le Monocolard, mais ils risquent tous leur vie quand même. Il y a par exemple Rossi, l'Italien qui ne parle pas français, mange comme quatre et meurt, éventré par une grenade la veille d'une permission. Ou le beau Lang, luxembourgeois, doreur sur cuir, qui part pour s'occuper du ravitaillement à Bus, petite ville paisible subitement bombardée par les Allemands. Lang, si heureux pourtant de s'éloigner de la première ligne...

Cendrars parle allemand et russe et connaît quelques mots en polonais. Dans un chapitre, il raconte qu'un jour il a été envoyé à la rencontre de Polonais combattant dans le camp prussien, afin de les convaincre de s'engager côté français. Cette anecdote montre combien cette Grande Guerre est un conflit entre frères. Elle a séparé des peuples qui n'avaient que des raisons de s'entendre et non de se déchirer. Même si la Légion étrangère a été une armée qui a eu des pertes et qui a tué, elle est en quelque sorte au-dessus de la mêlée... du moins, elle me semble révéler quelque chose de la profonde fraternité existant entre tous ces héros.

Cinq cent soixante écrivains français sont morts pour notre pays au cours de la Grande Guerre. Leurs noms sont gravés sur quatre panneaux au Panthéon. Certains connus, d'autres oubliés. Beaucoup d'autres se sont battus, revenant du front avec des séquelles plus ou moins graves. Ce livre est le résultat d'un choix personnel et en aucun cas une hiérarchisation d'ordre littéraire ou liée au mérite. Que reste-t-il de cet héroïsme vieux de cent ans ? Il semble que les seuls hommes qui affirment aujourd'hui leurs convictions soient des terroristes ou des hommes assoiffés de pouvoir et de tyrannie. Nos guerres ont changé de visages, ce sont des guerres civiles, qui tuent encore plus aveuglément et sans fin. Quant à nos perfectionnements techniques, ils font du soldat un professionnel, et ils sont si terrifiants, si massivement et facilement destructeurs que notre seule chance est qu'ils dissuadent quiconque de s'en servir. Celui qui s'en servirait ne ferait pas preuve d'héroïsme.

Le véritable héros est celui qui cherche à se dépasser tout en prenant conscience qu'il n'est qu'un homme fragile, mortel, sans doute voué à l'oubli.

BIBLIOGRAPHIE

TEXTES CITÉS

ALAIN-FOURNIER, *Chroniques et critiques*, Cherche Midi, 1991.
—, *Miracles*, introduction de Jacques Rivière, Le Livre de Poche, 2011.
ALAIN-FOURNIER et PAULINE BENDA (Madame Simone), *Correspondance*, Fayard, 1992.
ALAIN-FOURNIER et JACQUES RIVIÈRE, *Correspondance*, deux volumes, Gallimard, 1995.
ALAIN-FOURNIER, ANDRÉ LHOTE, JACQUES RIVIÈRE, *La peinture, le cœur et l'esprit. Correspondance inédite (1907-1924)*, texte établi et présenté par Alain Rivière, Jean-Georges Morgenthaler et Françoise Garcia, Bordeaux, William Blake/Musée des beaux-arts de Bordeaux, 1986, 2 volumes.
GUILLAUME APOLLINAIRE, *Lettres à Lou*, L'Imaginaire, Gallimard, 2005.
—, *Lettres à Madeleine*, Folio, Gallimard, 2006.
—, *Œuvres en prose*, tome 1, Bibliothèque de la Pléiade, Gallimard, 1977.
HENRI BARBUSSE, *Le feu, journal d'une escouade*, in *Les grands romans de la guerre de 14-18*, Omnibus, 1994.
—, *Lettres à sa femme 1914-1917*, Buchet/Chastel, 2006.

Georges Bernanos, *Lettres retrouvées, 1904-1948*, Plon, 1983.

Céline, *Lettres*, Bibliothèque de la Pléiade, Gallimard, 2009.

Blaise Cendrars, *La main coupée*, Gallimard, Folio, 2001.

Roland Dorgelès, *Les croix de bois*, in *Les grands romans de la guerre de 14-18*, Omnibus, 1994.

—, *Bleu horizon, pages de la Grande Guerre*, Albin Michel, 1949.

—, *« Je t'écris de la tranchée » : correspondance de guerre, 1914-1917*, Albin Michel, 2003.

Pierre Drieu la Rochelle, *La comédie de Charleroi*, L'Imaginaire, Gallimard, 1996.

Georges Duhamel, *Vie des martyrs et autres récits des temps de guerre*, Omnibus, 2005.

—, *Confession de minuit*, in *Vie et aventures de Salavin*, 1, Mercure de France, 1993.

Maurice Genevoix, *Ceux de 14*, Omnibus, 2009.

Jean Giono, *Œuvres complètes*, tome 1, Bibliothèque de la Pléiade, Gallimard, 1971.

—, *Récits et essais*, Bibliothèque de la Pléiade, Gallimard, 1988.

Paul Léautaud, *Correspondance générale*, Flammarion, 1971.

Louis Pergaud, *Correspondance*, Mercure de France, 1955.

Jacques Rivière, *Carnet 1914-1917*, Fayard, 1974.

Romain Rolland, « Au-dessus de la mêlée », in *L'esprit libre*, Albin Michel, 1953.

Jean de La Ville de Mirmont, *Œuvres complètes*, Champ Vallon, 1992.

OUVRAGES DE RÉFÉRENCE

Jean Bastier, *Pierre Drieu la Rochelle, soldat de la Grande Guerre, 1914-1918*, Albatros, 1989.
Philippe Baudorre, *Barbusse*, Flammarion, 1995.
Annette Becker, *Guillaume Apollinaire : une biographie de guerre*, Taillandier, 2009.
Victor Boudon, *Mon lieutenant Charles Péguy : juillet-septembre 1914*, Albin Michel, 1964.
Laurence Campa, *Guillaume Apollinaire*, Gallimard, 2013.
Miriam Cendrars, *Blaise Cendrars*, Balland, 1993.
Jean Norton Cru, *Témoins*, Presses universitaires de Nancy, 2006.
Micheline Dupray, *Roland Dorgelès : un siècle de vie littéraire française*, Presses de la Renaissance, 1986.

PREMIÈRE PARTIE

Un poilu de dix-huit ans ... 11
Du réel au romanesque ... 19
Question de morale et de pacifisme ... 22
L'héroïsme est une affaire d'hommes ... 32
Écrire ... 39
Mal du siècle moderne ... 50
Ennui et désenchantement ... 59

SECONDE PARTIE

Trois morts au champ d'honneur ... 79
  Charles Péguy ... 81
  Alain-Fournier ... 85
  Jean de La Ville de Mirmont ... 96
Deux étrangers combattant pour la France ... 105
  Guillaume Apollinaire ... 106
  Blaise Cendrars ... 116

Bibliographie ... 125

*Composition Nord Compo
Impression Novoprint
à Barcelone, le 12 janvier 2014
Dépôt légal : janvier 2014*

ISBN 978-2-07-045638-3/Imprimé en Espagne.

260780